KB250132

미즈 프레지던트

미즈 프레지던트

Ms.
미즈 프레지던트

왜 시대는 여성 리더를 원하는가

PRESIDENT

김광웅 지음

21세기북스

세상을 아름답게 꾸밀 지도자와

평생 어려운 삶을 살다 가신 내 어머니(박화규朴和奎)에게

바친다

솔직히 말해 이번 대선 후보들이 내 마음에 쏙 들지는 않는다. 대부분이 생각과 가치는 옛 그대로인 채 대권이라는 자리를 향해 눈 옆 가리개를 하고 달리는 말과 같아 보이기 때문이다. 1등 하는 말이 제일 좋겠지. 그러나 정확히 말하면 이들은 정복과 지배, 권위의 시대를 벗어나지 못하기 때문에 누가 당선된다 해도 나라는 크게 변하지 않는다. 국부가 더 쌓이고 국력이 세계 몇 위로 더 오를지는 몰라도, 사회는 찢어지고 계층은 갈리고 인성은 매몰되고 교육은 피폐하고 현재 우리가 안고 있는 문제는 항존하여 지금보다 더 나아진다는 보장이 없다.

19세기 과학주의와 도구적 합리주의밖에 모르는 지도자들이 비이성적 인간의 나약함으로 두려움에 젖고 아둔한 문화

매트릭스를 확대 재생산할 뿐이다. 그리고 제도와 정책, 법만 잘 만들면 문제가 해결된다고 굳게 믿고 또 그렇게 국민과 약속하고 있으니 리더들이 과연 시대의 변화와 흐름을 알고나 있는지 의문이 든다. 아인슈타인도 말했듯이 문제가 발생했을 당시의 사고방식으로는 문제가 풀리지 않는 것쯤은 알 만도 하다. 이제 조절과 감성, 공감의 시대를 맞아 패러다임이 완전히 바뀌어야 하는데도 그렇지 못하니 답답하기 이를 데 없다는 뜻이다. 국력을 소진하며 미덕과 해악이 겹친 민주 정치의 야누스 얼굴에 민주 선진국도 회의를 느끼고 있다. 우리도 단일하의 이름으로 야합이나 일삼고 '증이 정당'을 민들이 대신에서 이길 생각만 하지 말고 모처럼 주어진 소중한 기회에 망상과 오만, 오류에 대한 집착을 버리고 나라의 틀을 바꾸겠다는 약속을 하는 리더가 대통령이 되어야 한다.

그런데도 대선은 옛 틀 속에서 다가오고 있다. 누군 되고 누군 안 된다는 차원의 이야기를 하려는 것이 아니다. 누가 되어도 사고의 틀을 바꾸지 않고서는 나라에 희망이 없다는 이야기를 하려는 것이다. 틀 바꿈은 메시아가 불현듯 나타나 모든 것을 갈아엎고 이룰 수 있는 것이 아니다. 정치의 세계는 비이

성적인 인간의 나약함, 불안감, 출세욕, 체면 유지, 망상, 자기기만, 선입견 등으로 꽉 차 황폐화된 지 오래다. 극도로 갈린 이해의 실타래를 풀 수 있는 방정식이 없다.

나는 그나마 조절과 공감의 시대에 걸맞은 리더에는 여성이 더 가깝다는 생각을 오래전부터 해 왔다. 여성은 남성보다 냉정하고 차분하다. 논리적이면서 포용력도 더 깊다. 지혜롭고 초연하다. 감각이 탁월해 인감認感과 인미認美에서 앞선다. 한마디로 21세기 리더십에서 강조하는 대로 스마트하다. 21세기에 들어서면서 우리나라에서도 여성의 지위가 조금은 높아졌다고 말한다. 여성 상위 시대를 표방한다는 여권 운동이 시작된 것은 1980년대 초의 일이다. 여성학이 대학 커리큘럼에 본격적으로 도입되면서 이 나라에도 가부장적 권위주의에 대한 도전이 거세진 지 어언 4반세기가 지났다.

이런 흐름은 21세기로 접어들면서 자연스런 현상이 되었다. 21세기를 바로 여성의 세기라고 말하기 때문이다. 앨빈 토플러는 『미래의 충격』 출간 40주년을 기념한 발표에서 또 다른 미래 40년을 여성의 시대라고 단언한다. 모계사회가 다시 시작될지도 모른다고 말하는 것이 더 솔직할지도 모른다.

여성의 능력에 관해서는 찬반이 엇갈린다. 그렇다면 남성의 능력 역시 마찬가지다. 『남성 퇴화 보고서』라는 책에 따르면 남성은 보잘것없는 종으로 추락한 것을 부인하기 어렵다. 성에 관한 이원론적 구분은 분별력 정도만 갖춘, 다시 말해 이분법밖에 모르는 서양의 합리주의를 맹신하기 때문에 생긴다. 큰 리더가 되려면 그런 차원을 넘어야 하지 않을까? 그런 큰 인물, '테루아terroir' 리더여야 성 구분하지 않고 대통령이 되어 사회를 조화롭게 대통합할 수 있다. 그렇게 하려면 책의 맨 뒤에서 밝힌 대로 융합적 사고를 하는 창조적 리더여야 한다. 그러려면 적어도 5차원에 걸친 사고와 인식, 실천이 기능해야 한다.

올해가 총선과 대선의 해여서 일간지와 월간지에 칼럼을 연재하며 적은 내용을 바탕으로 이 책을 썼다. 그리고 때마침 박근혜가 대선 후보가 되면서 여성 리더십, 여성 대통령에 초점을 맞추고 싶어 출간하게 되었다. 책 제목은 미국에서 기자회견 때 대통령을 Mr. President라고 부르며 기자가 질문을 시작하는데, 그것이 Ms. President일 수 있다는 생각에서 붙여 보았다. 그렇다고 여성만을 위한 리더십 이야기를 한 것은 아니다. 리더십도 대통령 이야기만 하려는 것이 아니다. 또 남녀 구분 없이 훌륭한 리더십을 갖추기 위한 요건들을 집중적으로 논의했다. 거기서 여성이 특히 권력의 중심에 서려면 나와 타아, 나와 다름otherness을 어떻게 이해하고 극복해야 할 것인가, 또 여성이 권력의 중심에 섰을 때 생길지 모를 가모장적 권위주의를 어떻게 받아들여야 할 것인가 등에 관한 이야기를 펼쳤다.

책 내용을 미리 잠깐 살펴보면, 우선 1장에서는 권력의 속성을 다룬다. 모두 다 아는 내용이지만 내 평소 주장인 '리더십은 봉사이고 권력은 아름답다'를 실천할 수 있어야 대통령 자격이 있다는 것을 강조하기 위해서다. 이 점에서는 여성이 남성보다 우위에 있다는 가능성을 함축한다. 2장에서는 리더들의 어릴 적 성장 과정부터 어떤 경로path로 리더 반열에 들었느냐를 소개한다. 외국 리더들 대부분은 어려운 가정에서 태어났고 어려서 외국 생활을 하며 부모로부터 떨어져 산 인물이 많다. 젊어서 한 고생이 인생의 밑거름이 된다는 교훈이 몸에 밴 인물들이다.

3장에서는 몇몇 여성 리더들의 면면을 다뤘다. 역사를 빛낸 여성 리더들 그리고 엘리자베스 1세와 현역 민주투쟁의 상징

수 치와 호세프, 미래를 연 리더 로빈슨과 바첼렛, 그리고 과학도 리더들로 대처, 메르켈, 박근혜 등을 기술했다. 4장에서는 리더의 또 다른 덕목 중 설득력 등을 다루었다. 유권자에게 바짝 다가가기 위해서는 말을 잘해야 하고 이미지도 좋아야 한다는 점을 표현력 차원에서 설명했다. 여성이 남성보다 사람을 끄는 힘이 더하긴 하지만 대권을 행사함에 있어서 최고의 매력은 신뢰 이상이 없을 것이다. 5장에서는 리더의 자질로 요구되는 것이 한두 가지가 아니지만 역시 감각이 제일이라는 점을 강조했다. 리더는 배우처럼 감각이 빼어나고 역할인지나 역할수행도 무궁무진해야 한다는 것을 말한다.

6장에서는 리더가 해야 할 제일 중요한 임무로 내일의 가늠자인 비전을 제시할 수 있어야 한다는 점을 강조했다. 미래를 준비해야 하기에 과학기술의 변화에도 익숙해야 한다는 점을 주목했다. 대선 후보자가 꼭 과학도라야 하는 것은 아니지만 융합의 시각을 갖고 과학을 아는 지도자가 21세기 지도자다. 7장에서는 여성의 시대에 여성이 권력의 중심에 서려면 나와 다름 또는 타아otherness에 대한 이분법적 사고로는 안 된다는 점을 강조했다. 대통령을 키운 어머니 역시 여성 리더의 반열에 놓아도 좋기에 이 점도 다뤘다. 대통령의 딸에 관한 이야기도 조금 했다.

8장과 9장에서는 대통령의 조건으로 당선을 위해 필요한 조건들과 당선된 후 대통령직을 수행하며 성공한 인물로 역사에 남기 위해서는 어떻게 해야 하는가를 다뤘다. 당선을 위한 기법 등을 다룬 것이 아니라 근본적인 자세 등을 이야기했다. 당선에 급급해 수단과 방법을 가리지 않는 도구적 합리주의자들은 비록 당선이 되더라도 그들 연합세력 간의 힘겨루기와 내분 때문에 국민은 안중에도 없다. 그 결과 모든 짐이 국민 몫이 되어 버려서는 안 되지 않는가? 그리고 당선된 후 대통령으로서 갖추고 또 해야 할 본질과 기본에 관한 이야기를 했다. 빈 공약이나 하며 국민의 환심을 사지 말고 국민의 책임과 의무도 있으니 국민에게 같이 해야 할 일을 떳떳이 요구하고 신뢰를 얻는 믿음직한 대통령이 되어야 할 것이다.

분명히 밝히지만, 나는 어느 정당에 소속한 적이 없고 어느 정당 편도 아니다. 현 정당들에 실망하는 걸로 말하면 무당파에 가깝다. 그러나 편으로 굳이 따진다면 2004년 열린우리당 공천 심사위원장을 한 것이 인연이라면 인연이고, 젊었을 적

공화당 의원 비서를 한 적이 있어 정당과 인연이 없다고는 할 수 없다. 그러나 이 책에서 밝히는 내 주장은 특정 정당이나 인물과 관련이 없다. 성 구분하지 않고 대통령이 될 사람을 가리는 데 도움이 되고 또 대통령이 된 후 성공한 인물로 남아야 하기에 조언하는 것일 뿐이다. 이 책을 읽는 독자들에게는 이 사람이면 기대해도 되지 않을까 하는 판별의 기준이 제공되었으면 좋겠다.

다만 걱정되는 점은 내 생각 역시 편견이고 억지일 수 있다는 것이다. 그러니 시작부터 독자들은 내가 2퍼센트보다 못한 한 20퍼센트는 부족해 피터 버거가 말하는 '의심하는 믿음'이나 칼 포퍼가 말하는 '반증 가능한falsifiable', 또 미하엘 슈미트−살로몬이 말하는 '집단의 어리석음' 등을 외면하지 않고 그래도 '오류에 대한 고집'은 부리지 않으며 삶의 진리를 찾아 헤매고 있는 중이라고 이해하기 바란다. 많은 질책을 기다린다.

햇살 무르익는 壬辰年 仲秋에

김광웅

# CONTENTS

리더,
경쟁과 권력의 화신인가

경쟁이 없는 곳이 있을까? 사람이 자연과 경쟁하지만 사람과 사람 간의 관계가 생기면 그곳에 경쟁이 자리하게 된다. 경쟁은 인간의 본능이고 지배의 리비도libido(욕망)의 발현이다. 경쟁이 성性 간에 차이가 없겠지만 양태의 차이는 있을 것이다. 경쟁욕이 남성보다 여성이 더 강하다고 할 수는 없겠지만 여성이라고 경쟁에서 져도 괜찮다고 생각하지는 않을 것이다. 권력은 경쟁의 결과 얻는 전리품이다.

권력은 크건 작건 간에 경쟁해 얻는 쟁취의 대상이다. 인간의 심성에서 권력욕이라는 DNA를 없애지 않는 한 그렇다. 문제는 야망에 불타고 출세욕에 쫓기고 망상과 자기기만에 속수무책일 때 나타나는 비이성적 나약함이나 두려움 때문에 경쟁과 권력의 얼굴이 일그러질 수 있다는 것이다.

1993년에 민자당이 대선에서 승리해 김영삼 대통령이 집권하기 시작하던 때, 나는 서울대학교 행정대학원 원장이었다. 올림픽 파크에서 열린 의원 연수회에 초대받은 것도 그때의 일이다. 연설에서 "선거 순기循期로 치면 앞으로 2012년이 되어야 총선과 대선을 같은 해에 치르게 되니, 의원 임기를 약간 늘리든 아니면 대통령의 임기를 조금 줄이든 해서 한 해 같은 날 대통령과 국회의원 선거를 함께 치르자"고 제안했다. 이를 언론이 대서특필한 기억이 난다. 여기에는 선거로 국력을 낭비하는 일을 막겠다는 뜻이 담겨 있었다. 임기(권한)를 양보할 리 없는 정치인들이라 세월은 그냥 이렇게 흘렀다.

실제로 당시와 그 후의 선거에서 국력이 예전처럼 크게 낭비되지는 않았다. 오세훈 법이 있었고, 나도 2005년에 국회정치개혁협의회 의장을 하면서 선거법을 더 엄격히 해 돈 선거를 막도록 애쓴 게 조금은 도움이 되었을 것이다. 그러니까 근 20년 전에 걱정했던 '선거 손실'의 규모는 많이 줄어든 것이 사실이어서 선거로 인한 국력의 낭비는 민주를 학습해서 얻을 수 있는 것을 염두에 두면 예전처럼 두려워할 일만은 아니다. 그러나 아직도 권력을 얻는 과정에서 필수적인 선거에서는 음성화된 돈 선거를 막을 길이 없고, 새로 동원되는 SNS의 탈법도 막을 길이 없다. 권력 쟁취에서 기생충 같은 부정과 탈법이 정당한 권력까지 망치고 있는 것이 오늘의 현실이다.

권력은 공평한 저울이다

다른 나라도 그렇긴 하지만, 이 나라는 특히 대통령이 무소불위의 권력으로 중요한 결정을 해 대통령에 누가 당선되는가는 국민의 큰 관심거리가 아닐 수 없다.

우선 리더들이 서로 경쟁해 쟁취하는 권력의 본질과 생리가 과연 무엇인지부터 좀 밝혀야겠다. 권력은 어떻게 얻고 어떻게 행사해야 하는지를 가리려는 것이다. 인간에게서 인격을 걷어내서는 안 되듯이 권력도 그렇게 하면 안 되는 걸까? 비단 리더들뿐만 아니라 많은 사람이 권력을 밥 먹듯 좇는다. 형광충처럼 권력을 추구하는 사람들의 생리는 어떻게 해서든 이겨야 한다는 명제를 거역하려고 하지 않는다. 권력을 놓고 다투는 상황은 당과 당 간의 관계에서는 물론 부자지간에도 존재한다.

부정적으로 전망한다면, 대통령에 당선될 사람은 과거의 경험으로 미루어 대권을 쟁취해 마음대로 행사하려 들 것이고 가엾은 국민은 등이 터져도 아무 소리 못하고 연명하려고 애쓸 것이다. 더군다나 대통령이 된 사람과 그 일당이 민간인까지 사찰하는 등 권력을 남용하고 천문학적 숫자의 이권을 독점하며, 식솔들 밥 먹이기에 급급하다면 대권을 왜 그런 리더에게 맡겨야 하는지 의구심이 들 뿐이다. 때늦었지만 이번 선거부터라도 대통령이 가져야 할 권력의 본질과 진정한 리더십을 되새겨야 할 것이다. 또한 이런 권력을 여성이 가졌을 때 사정은 좀 나아질 것인가에도 관심을 가질 때가 되었다.

리더와 권력 간의 관계를 보기 전에 먼저 권력이 무엇을 의미하는지부터 짚고 넘어가자. 우리가 일상적으로 쓰는 단어의 뜻을 곱씹어 보면, 평소에 지나쳤던 의미들을 건져내는 통찰력이 생겨난다. 권력은 무언가를 변화시키는 힘이며 자기가 원하는 바를 달성하기 위해 다른 사람의 행동에 영향을 미치는 능력이다. 즉 특정한 자원의 보유를 바탕으로 타인의 행동에 영향을 미쳐 자신이 원하는 결과를 얻는 능력이 권력이다. 이러한 권력의 뜻을 파악하기 위해 권력이라는 한자의 뜻을 설명하는 것도 도움이 되리라 본다. 권력權力의 권權은 저울이라는 뜻으로서 물건을 저울에 달듯이 모든 일에 공평한 태도를 유지하라는 의미다. 또한 력力은 힘이라는 뜻인데 이는 끝이 세 갈래로 된 농기구인 가래를 상형화한 글자다. 결국 두 한자의 뜻을 합하면 '모든 일에 공평한 태도를 유지하는 힘'이 된다.

그러나 대부분의 권력은 '권력'이라는 단어가 품고 있는 뜻처럼 공평하게 일을 처리하지 않고 나를 위한 힘, 나를 위한 권력만을 추구한다. 여기에서 '권력은 누굴 위한 것인가?'라는 질문을 할 수 있다. 리더는 누구를 위해 권력을 행사하는가? 이러한 질문에 나 자신을 위한 것이라고 자신 있게 말할 수 있는 리더는 한 명도 없을 것이다. 그러나 음식을 잘 만드는 셰프나 포도주 농장winery 주인이 고객을 위한 '자비심' 때문이 아니라 자신을 위한 '자애심' 때문에 열심히 일한다는 말을 새길 필요가 있다.

"교만한 인간은 일시 스쳐 가는 권력을 손에 쥐면 / 유리알처럼 부서지기 십상이라는 사실도 모른 채 / 성난 원숭이처럼 하늘 앞에 별별 농간을 다 부려 천사를 울리곤 합니다"라는 말도 상기해 볼 수 있다. 이는 프랭클린 루스벨트 내각의 법무 장관과 뉘른베르크 전범 재판의 판사를 지낸 프랜시스 비들의 회고록 『스쳐 가는 권력』(1962)에서 한 표현인데,[1] 이것이야말로 자신을 위한 권력을 비유적으로 날카롭게 묘사한 것이다.

나만을 위한 천국은 없다

'나를 위한 권력'의 비유는 무엇보다 문학에서 많은 예를 찾아볼 수 있다. 대표적인 이야기가 바그너의 〈니벨룽의 반지〉에 등장한다. 라인 강 바닥에 있는 황금 반지를 끼면 권력을 얻는다고 해서 모두 그것을 원한다. 그러나 얻음이 있으면 반드시 잃음이 있는 법, 권력은 얻지만 사랑을 얻을 수 없어 이를 꺼리게 된다. 그런데 알베리히라는 난쟁이가 나타나 "어차피 내 외모로는 사랑을 얻을 수 없으니 권력이라도 가져야겠다"며 반지를 취한다. 그 후 반지의 주인이 여럿 바뀌는데 이들 주인은 예외 없이 파국을 맞는다. 여기에는 권력을 탐하면 비참한 최후를 맞는다는 교훈이 담겨 있다. 이뿐 아니라 셰익스피어 원작인 〈맥베스〉에서도 남편을 권력자로 만들기 위해 평생 권력을 추구하다 비참한 최후를 맞는 아내의 이야기가 그려진다. 베르디의 〈포스카리가家의 두 사람〉에서도 총독의 권력 추구는 세 아들을 잃는 비극으로 막을 내린다. 예로 든 것들은 권력을 잘못 이해하고 그릇되게 행사한 대가를 보여 주는 대표적인 작품이다.

잘못된 권력 추구는 이명박 정부의 현 실태와도 연관된다. 현 정권에서 드러나고 있는 대통령 1급 실세들의 총체적 부정과 비리의 내막 역시 역대 대통령의 2인자들과 다르지 않다. 권력을 이익 추구의 기회로 삼는 관례가 반복되고 있는 것이다.

이러한 예를 한국 문학에서 찾는다면 이청준의 『당신들의 천국』이 적합할 것이다. 이 작품은 권력을 주제로 지배자와 피지배자의 관계를 그려 낸 알레고리 소설이다. 여기에는 나병 환자들이 사는 소록도를 천국으로 만들기 위해 '천국 프로젝트'를 기획하는 인물인 주정수 원장이 권력자로 등장한다. 그는 일을 빨리 끝내기 위해 소록도 사람들을 착취하면서 효율성을 추구하고, 자신의 동상을 세워 자신만을 위한 권력을 행사한다. 이는 결국 그 천국이 '우리들'의 천국이 아닌 오로지 '당신들'만의 천국이라는 걸 말하고 있는 것이다.

이와 같은 이야기가 고전에서 끝나지 않는다는 것이 인간 사회의 비극이다. 현실적인 예가 얼마든지 있기 때문이다. 권좌에 앉았디 줄줄이 감옥행을 하는 어리석은 권력자기 수없이 많다. 전두환, 노태우 등이 이들이다. 이렇게 '나를 위한 권력'은 권력무상으로 이어진다. 리비아의 카다피 역시 그렇다.

카다피는 42년 동안 장기 집권하면서 현존하는 전 세계 집권자 중 가장 오랫동안 철권통치를 이어 온 독재자가 되었다. 로널드 레이건 전 미국 대통령으로부터 "중동의 미친 개"라는 심한 비난까지 들었다. 그는 결국 중동에 인 '아랍의 봄Arab Spring' 기운에 밀려 반정부 민주화 시위가 일어난 지 8개월 만에 처단되었다. 물론 권력의 붕괴는 카다피가 처단되기 전부터 진행되었다. 카다피는 트리폴리의 요새 밥 알아지지아를 떠난 뒤 2개월 동안 물과 전기도 없는 곳에 숨어 지내며 남은 쌀과 파스타 등으로 연명했다. 포탄이 거처에 떨어져 경호원과 요리사가 부상을 당하는 바람에 요리도 직접 해야 했다. 그러면서도 죽기 직전에 금과 현금을 주겠다면서 목숨을 구걸하는 비굴함을 보였다. 이것만으로도 그가 쥐고 있던 권력이 손가락 사이로 허무하게 빠져나가는 것을 보여 주기에 족했는데, 이를 더 극단적으로 드러낸 것이 카다피의 시신 처리 문제에서였다. 그의 시신은 사망한 지 하루 만에 미스라타의 오래된 정육점 냉동고에서 대중에게 전시되었다. 시신은 콘크리트 바닥에 펼친 싸구려 매트리스 위에 놓였고, 구경꾼들은 이를 휴대전화 카메라로 찍었다. 무소불위의 권력을 휘둘렀던 결과가 낳은 스펙터클spectacle인 셈이다.

권력을 잘못 사용하면 이처럼 무상한 것이지만 나라에 따라서는 권력의 본질에 대한 이해가 다르다. 권력자와 피권력자 간의 간격을 말하는 권력간격지수PDI: Political Distance Index라는 것이 있다. 말콤 글래드웰이 쓴 『아웃라이어』에서 소개된 대로 괌에서 추락한 대한항공의 경우 기장과 부기장 사이에는 매우 큰 권력간격이 자리 잡아 소통을 막는다.[2] 부기장은 주로 완곡어법을 쓰면서 죽음을 앞에 두고도 직설적으로 위험을 알리지 못한다. 사우디아라비아도 권력간격지수가 높은 나라에 속한다. 전 세계 대부분 나라들이 그렇다. 반면 미국은 낮다. 오래전 이야기이지만 맥나라마 국방장관이 지하철에서 우산을 들고 출근하는 장면이 신문 카메라에 잡힌 적이 있다. 장관들이 넥타이도 매지 않고 걸어서 백악관에 업무보고를 하러 가는 적도 있다. 스웨덴의 총리가 길거리를 거닐며 쇼핑을 하는 장면도 눈에 띈다. 우리나라 총리는 한 번 움직일 때 20명에 달하는 경호원과 기사들이 함께해 점심값을 축낸다.

칭기즈 칸의 교훈

나 아닌 남, 남보다 우리 모두를 위해non mihi, non tibi, sed nobis 권력을 행사하는 경우도 있다. 칭기즈 칸은 권력의 한계를 알고 위임의 묘를 실천한 인물이다. 그는 대제국을 통치하려 하지 않고 공을 세운 부하에게 칸의 이름으로 전권을 위임한 뒤 다시 몽골의 초원을 향해 돌아가곤 했다. 덩샤오핑은 생전에 강력한 카리스마를 바탕으로 무소불위의 권력을 누렸던 마오쩌둥을 보고 한 사람의 절대적인 권력 독점이 얼마나 위험한 것인지를 깨달았다. 그는 임의적이고 주관적인 판단에 따라 후계자를 선출하는 방식이 문제라고 판단하고, 지도자를 육성하는 공식적인 절차를 만드는 등 자신의 권력을 분산하는 정책을 펼쳤다.

문제는 권력을 쥔 당사자가 내가 무엇을 잘못하고 있는지 모른다는 사실이다. 모두가 잘하고 있다고 착각하는 것이 큰 문제다. 우리나라 대통령치고 체코의 하벨 대통령처럼 자신이 잘못했다고 후회하고 용서를 빈 사람은 아직 없다. 이승만 대통령만이 하야 성명을 낼 때 백성이 원한다면 당연하다는 말을 남겼을 뿐이다. 권력을 욕먹지 않고 제대로 행사하려면 권한의 80%만 사용해야 한다는 것이 내 지론이다. 100%를 행사하면 오만해 보이고 120%를 행사하면 남용이 되기 때문이다. 80% 이하로만 써야 겸손해 보이고 오히려 효과도 더 난다. 리더십의 본질이 봉사이기에 리더가 행사하는 권력은 나나 내 식솔이 아닌 남을 위한 것이다.

리더는 자신을 위한 이익 위주의 사고를 하기보다는 조직이 직면한 문제에서 해법을 찾고 희망을 이끌어 내고 때로는 권력마저 포기할 수 있어야 한다. 리더는 모름지기 깊게 사고하고 실패에 대한 내성을 강화하고 미래에 대한 적응력을 키워야지, 당장 얻을 수 있는 것에 집착해서는 안 된다는 말이다.

어질고 아름다운 리더들

특히 권력이 봉사가 되기 위해 리더는 현명하지 않으면 안 된다. 마음의 바탕에 곱고 어진 결이 자리 잡고 있어야 한다. 이것이 바로 현자의 리더십이다. 이 점은 고생하며 빈자의 미학을 터득한 사람에게 가능하다. 남성보다는 여성의 결이 더 곱다. 현자의 리더십은 지배가 아닌 '감성의 리비도'로 공존하려고 하는 것이다. 이는 나만 살겠다는 리더십이어서는 곤란하다는 점을 알려 준다. 나와 너, 그리고 우리가 함께 살아야 한다. 즉 상대를 인정하고 자신부터 내가 누구이며, 무엇을 할 수 있고 할 수 없는지를 가리면서 현명해져야 하는 것이다. 또한 모두를 다 갖지 말고 나눠야 한다. 내 생각만 하지 말고 상대방의 입장이 되어 감정이입empathy(역지사지易地思之)하면서 남이 왜 그런 생각을 하는지 헤아려야 한다. 전체를 보면서 리듬과 흐름도 읽을 줄 알아야 한다.

총체적인 시각에서 보았을 때 현자로서의 리더는 아름다워야 한다. 더불어 지족知足(스스로 만족하기), 지분知分(분수를 알기), 지지知止(그칠 줄 알기)를 할 수 있어야 한다. 세상이 자기 것인 줄 착각하고 마음대로 하려는 리더가 더 이상 나타나지 말아야 하는 것이다. 정신과 전문의 이나미는 타계한 김수환 추기경이 지혜와 사랑으로 지도력을 발휘하는 '노현자원형老賢者原型'의 리더였다고 평가한다. 이는 칼과 창으로 집단을 이끄는 권위적이고 전투적인 '전사원형戰士原型'에 대비되는 개념이다. 주교가 된 지 2년 만에 서울대교구장을 맡는 등 젊은 나이에 높은 위치에 올랐지만, 억압받는 이들의 편에 서서 권력에 맞섰던 김수환 추기경이야말로 관용과 화해의 리더십의 본보기다.

김수환 추기경은 1970년대에 민주화 항쟁에 참여했는데, 그가 있던 명동성당은 '종교가 왜 정치에 참여해야 하는가'에 대한 비판의 소리와 함께 논란의 중심이 되었다. 게다가 정부까지 나서서 천주교를 탄압했는데도 그는 절대 굴복하지 않았다. 이는 김수환 추기경의 "내 생각을 지배하는 큰 주제는 예나 지금이나 '인간'"이라는 말에서도 알 수 있듯이 사사로운 다툼에 집착하지 않고 인간이라는 큰 범주에서 모두를 끌어안으려는 현자의 태도에서 나온 것이다. 그는 "참 평화는 모든 인간이 인간의 존엄성을 지닌 인간으로서 자유를 누리고 육체는 물론 정신적으로도 인간답게 숨 쉬고 살 수 있을 때, 실현되는 것"이라는 말처럼 인간에 대한 사랑을 위해 지혜를 발휘했다. 이러한 리더들이 많아질 때 뷰토피아beautopia가 도래할 가능성이 높아진다. 권력은 봉사일 뿐 아니라Ab Officio, Ad Honestatum 아름다워야 한다.

스마트 파워의 시대

이러한 리더십에서 중요한 것은 '관계'다. 사람과 사물을 통제하는 리더십은 리더와 추종자의 공동 목적 달성 과정을 중히 여기기 때문에 관계를 보게 된다. 추종자에 대한 평판에 따라 리더의 이미지가 달라지는 것도 이런 이유다. 물론 리더십에는 권력이 따라다니게 마련이니 모든 지도자는 실제적 또는 잠재적으로 권력의 보유자라고 할 수 있다. 그러나 모든 권력 보유자라고 해도 다 지도자는 아니다. 같은 맥락에서 운동선수라고 해서 누구나 멋진 스포츠맨십을 갖고 있지 않듯이, 지도자라고 해서 누구나 훌륭한 리더십을 지니고 있는 것은 아니다. 또한 하드, 소프트, 스마트 등 파워 간에 차이기 그기 때문에 권력이라고 해도 다 같은 권력이 아니다.

리더가 권력을 성공적으로 행사하려면 하드 파워와 소프트 파워의 권력자원이 배합된 '스마트 파워'가 필요하다. 하드 파워는 군사력과 경제력에 주로 의지하는 능력으로서 강제와 보상을 권력자원으로 이용한다. 반면 소프트 파워는 무력을 사용하지 않고 사람의 마음을 사로잡아 원하는 것을 얻어 내는 능력으로서 한 나라의 문화나 민주주의, 인권, 개인적 기회의 보장 등과 같이 그 나라가 추구하는 정치적 목표와 제반 정책 등에서 우러나오는 매력과 관련된다. 또한 하드 파워는 분석적인 지성을 의미하는 인지지성cognizant intelligence 또는 IQIntelligence quotient와 관련이 있고, 소프트 파워는 자기 극복과 다른 사람에 대한 배려 및 공감적 커뮤니케이션의 능력을 의미하는 감성지성emotional intelligence 또는 EQemotional quotient와 관련을 맺는다. 한편 스마트 파워는 '권력에 대한 권력power about power', 즉 메타권력meta-power의 범주에 속한다고 볼 수 있다.

스마트 파워를 적절히 활용한 사례로 시어도어 루스벨트를 들 수 있다.[3] 루스벨트는 파나마 운하 건설을 자신의 가장 뛰어난 업적으로 생각했다. 그는 후에 "나는 내각과 상의하지 않고 파나마 운하를 건설했다"고 자서전에서 자랑스럽게 말하기도 했다. 사실 의회에서 인준한 '스푸너 법Spooner Act'은 정부로 하여금 파나마 운하 건설을 콜롬비아와 협상하여 처리하도록 명시하고 있었다. 그러나 콜롬비아가 파나마 지역에 대한 주권을 주장하며 루스벨트가 제시하는 것보다 더 많은 돈을 요구하자, 그는 파나마 주민들을 고무시켜 콜롬비아를 상대로 반란을 일으키도록 독려했다. 그리고 곧 파나마를 '새로운 국가'로 인정하는 한편 미국의 지지를 보여 주기 위해 미 전투함을 파견시켰다. 파나마 정부는 즉각 미국과의 협상에 조인했고 운하 건설은 순조롭게 이루어질 수 있었다. '자기 방식'대로 모든 것을 처리하는 고압적인 대통령으로 알려져 있는 루스벨트는 파나마 운하를 건설할 때 내각과 상의하지 않았다는 점, 콜롬비아와의 협상이 잘 이루어지지 않자 자신의 뜻을 관철시키기 위해 반란을 독려하고 전투함을 파견시켰다는 점에서 하드 파워를 통한 리더십의 전형적인 사례라 할 수 있다.

그러나 소프트 파워 측면 또한 존재한다. 소프트 파워는 단순히 무력을 사용하지 않는다는 것이 아니라 국제정치 무대에서 의제를 설정하는 능력, 국가 행위의 정당성과 도덕성에 기반을 두는 권력이며 하드 파워의 정당한 행사와도 밀접한 관련이 있기 때문이다. 루스벨트는 콜롬비아를 상대로 단순히 군사력이라는 하드 파워를 동원한 것이 아니라 파나마를 새로운 국가로 인정하고 그들을 지원한다는 명분을 지녔다는 점에서 소프트 파워를 함께 행사한 것으로 볼 수 있다. 즉 루스벨트는 많은 협상에서 하드 파워를 사용하면서도 관계를 지속적으로 유지하려는 노력인 소프트 파워를 사용한 것이다.

이렇게 리더가 두 파워를 조화시킨 스마트 파워를 행사할 줄 안다고 해도 권력을 혼자서 스스로 얻을 수 있는 것은 아니다. 최고 권력자인 대통령이 권력을 쟁취하기 위해서는 경쟁에서 이기지 않으면 안 된다. 하지만 이때의 경쟁에서는 승자의 논리만 존재하는 것이 아니라 패자의 논리도 공존해야 할 것이다. 물론 선거와 관련된 권력 경쟁을 할 때에는 반드시 승리해야 한다. 이러한 승자의 논리가 레토릭rhetoric이다. 그러나 패자의 논리도 더 옳은 것이 많다. 이를 헤레스세틱스heresthetics라고 한다.

선거에서 2등은 의미가 없을 수 있지만 박완서의 『꼴찌에게 보내는 갈채』에서처럼 경쟁에서 항상 이겨야 하는 것은 아니다. 져도 더 의연할 수 있고, 더 존경받을 수도 있다. 대통령선거 때 상대를 비방만 하지 말고 존중하면서 이기거나 또는 질 수도 있는 게임을 하라고 권하고 싶다. 모두가 다 경쟁에서 이기고 모두가 다 스마트하면 세상은 멋지고 편하고 자랑스러울 것이라고 생각할 수 있지만, 오히려 더 무미건조해지거나 무질서해질 가능성이 있다. 모두가 정상에 올라갈 수는 없다. 다만 스스로 만족하고, 스스로 밝히고, 스스로 고뇌하고 회개하며 성찰할 수 있으면 그게 내가 설 땅이다. '타자의 그림자가 짙게 드리운 나'를 위해서라도 남을 배려하는 생각을 갖지 않으면 안 된다. 1등만큼 꼴찌도 아름답다고 생각해 보면 어떨까.

나력과 잔향 그윽한 권력

또 링컨, 만델라, 하벨처럼 권력자가 오래도록 기억에 남으려면 권력을 지키고 있을 때뿐만 아니라, 권력을 내려놓을 때를 늘 생각해야 한다. 권력이 아름다워지고, 진정한 힘도 나오게 하려면 이렇게 해야 한다. 두고두고 리더를 기리는 것이 나력裸力이다. 보통 리더들은 자리를 탐하고 하드 파워를 거머쥐려고 한다. 그러나 권력의 본질과 본모습을 제대로 안다면 자리를 맡지 않아도, 아니면 자리에서 물러나도 사람들이 숭상하게 된다. 이는 비우지 않으면 이루어지지 않는다. '빈자의 미학' 같은 것이다. 세상은 어차피 지셴린季羨林의 말대로 '다 지나간다'라고 생각해야 현명하다.[4] 한때의 자리에 연연하지 말고 인생을 통틀어 한 축과 한 선에서 내 좌표를 항상 가려야 하는 것이다.

잔향殘香도 그래야 나온다. 잔향은 나력과 같은 의미에서 은은한 기품을 말한다. 권좌에 있다가 내려와야 제대로 평가받는다. 진정 훌륭한 지도자였는지는 자리에 없을 때 나타난다. 영향력을 행사할 수 있는 수단이 없어도 남들이 떠받들고 우러러보게 되는 힘이 드러나는 것이다. 거기에 잔향이 은은히 풍기면 더할 나위 없다. 훌륭한 리더들은 나력의 힘으로 영원히 존재하고 잔향도 풍긴다. 대표적인 인물이 체코의 하벨과 남아공의 만델라 전 대통령이다. 만델라는 민권운동가요, 종신수이며, 남아공 최초의 흑인 변호사다. 1994년 남아공 최초로 흑인이 참여한 자유총선거에서 당선된 최초의 흑인 대통령이요, 1993년 노벨 평화상 수상자이기도 하다. 그가 아직도 국내외 무대에서 활동하며 모범을 보이는 것이 바로 그의 나력이다. 잔향 또한 그윽하다. 하벨이 퇴임 때 국민에게 용서를 구한 연설은 오래도록 회자된다.

우리나라는 송인상, 김준엽, 강영훈, 신현확, 김재순, 이만섭 같은 분들의 나력이 훌륭하다. 문학 쪽으로는 구상具常이 있고 박완서도 있다. 특히 김준엽은 노태우 대통령에게서 국무총리직 제의를 받았을 때 머리가 100개 있어도 숙일 수 없고, 민주주의를 외치다 투옥된 제자들을 생각하면 자리를 맡을 수 없고, 또 지식인들이 벼슬이라면 굽실거리는 풍토를 고쳐야겠기에 국무총리직을 수락할 수 없다고 했다.

나력과 잔향의 대표적인 인물을 한 명 더 소개한다. 중국의 저우언라이周恩來 전 총리는 "권위와 힘은 자리나 직책에서 나오는 것이 아니라 인민의 존경심에서 나온다"고 했다. 그는 중국 곳곳을 다니며 인민의 삶을 살폈기 때문에 숭앙을 받는다. 1950년대 말의 이야기이긴 하지만, 저우언라이는 해질 대로 해진 잠옷부터 기울 대로 기운 인민복을 입고, 식사는 두 가지를 넘지 않는 반찬과 탕으로 매우 간소하게 먹는 등 검소한 삶을 살면서 인민의 애환을 나누었다. 영양 보충에 소홀한 총리에게 하루는 소시지를 잘게 썰어 된장에 절인 채소와 버무려 상에 올렸더니, 총리가 대번에 알아채고 다음과 같이 말하기도 했다.

"모든 국민이 숨을 죽이며 힘든 고통과 싸우고 있는데, 나에게만 좋은 음식을 준다 한들 어찌 그것이 목구멍으로 넘어가겠는가? 앞으로는 아내(덩잉차오)가 주방에 내려가 사 온 재료가 규정에 맞는지 또 고기가 들어 있는지 살펴볼 것이네."

또한 그는 어떤 경우라도 국가의 돈을 개인적으로 쓴 적이 없었기 때문에 집에서 손님을 맞이하다 보면 봉급이 모자라 매주 두 끼는 거친 잡곡을 먹고, 심지어 3년 동안의 경제불황기에는 몇 달이고 육류를 먹지 않았다.[5] 지도자나 꿈을 가진 사람들에게 귀감이 되는 인물이다.

아름다운 리더를 꿈꾸다

예로부터 권불십년이라고 했지만 요즘은 권불오년이다. 대통령의 임기를 기준으로 하면 그렇다. 그러므로 권좌에 앉은 사람은 앉는 순간부터 떠날 때를 준비해야 한다. 등산보다 하산이 더 어렵고 위험하기 때문이다. 직위나 직책에서 내려올 때 내가 어떤 평가를 받을까도 생각해야 한다는 뜻이다. 한때 빨리 달려 높은 자리에 올라 다른 이들과 멀리 떨어져 있다고 해서 인생에서 성공했다고 착각하면 안 된다. 인간은 그가 산 세월을 통틀어 어떻게 살았는지를 평가받는데 세상을 떠날 때 받는 평가가 제일 중하다.

이와 관련된 이야기가 있다. 퇴임하는 미국 대통령은 전통에 따라 후임자에게 편지를 남긴다. 행운을 빈다는 내용의 격려성 편지다. 떠나는 마음은 허전할 수밖에 없다. 그런데 여러 사람의 의견이 서로 달라 논쟁을 벌일 때마다 클린턴은 닐 암스트롱이 1969년에 달에서 가져와 유리상자 안에 보관하고 있는 암석을 가리키며, "여러분, 이 돌이 보입니까? 이게 36억 년 전에 만들어진 거랍니다. 우리는 모두 잠시 스쳐 가는 목숨일 뿐입니다"라고 말한 것을 상기했다. 지셴린의 '다 지나간다'와 같은 맥락의 이야기다. 이 돌 덕분에 클린턴은 역사를 다른 관점에서, 흔히들 말하는 '긴 안목'으로 바라볼 수 있게 되었다고 회고한다.

오는 대선에서 우리는 과연 어떤 인물에게 나라의 5년을 맡길 수 있을까? 나력과 잔향 이야기를 하면 정신없는 소리라고 윽박지를 사람도 있을 것이다. 나라에 난삽하기 이를 데 없는 문제가 산적해 있는데 무슨 태평성대의 말이냐고 할 것이다. 외면할 수 없는 현실이다. 그러나 대통령 같은 리더라면 한 차원 높고 크게 스마트 파워를 가지고, 나력을 드러내며, 잔향을 풍길 가능성이 있는 인물이어야지 지극히 현실적인 문제만 해결하기를 기대하면 더는 얻을 것이 없어 국민은 실망의 늪에서 헤어나지 못할 것이다. 눈앞만 보지 말고 먼 내일에 눈을 돌려 보자. 이제 민주 학습도 여물어 가니 이러한 흐름에 걸맞게 멋지고 아름다운 리더를 찾자. 그게 여성에게서 더 가능하다면 망상일까?

2
CHAPTER

리더는
어떻게 만들어지는가

대선 때가 되면 춘추전국시대처럼 군웅이 할거한다. 잠룡이라 일컫는 이들 집단 중에는 그럴싸한 인물이 있는가 하면, 선뜻 내키지 않는 인물도 있다. 뭔가 도모하고 싶어 얼굴을 들이미는 것이겠지만 제값self worth을 모르는 듯한 인물이 자기 주장만 펴는 것을 볼 때마다 정치 혐오증만 도진다. 리더의 제일 큰 덕목이 나 자신이 누구인지를 아는 것과 뭘 할 수 있고 뭘 할 수 없는지를 가릴 능력인데, 이러한 능력을 배양할 생각 없이 저마다 잘난 척하며 대권을 쥐어 주면 뭐든지 다 잘할 수 있다고 허언하고 다닌다.

조선조에서 왕들이 경연하는 것을 당연시했고, 현대사에서도 대통령이 가정교사를 두고 국제 문제나 경제 등 부족한 지식을 익히는 것을 당연하게 여기지만 그것은 기본이 된 뒤의 일이다. 한 분야의 경험밖에 없는 치우친 인물이 가정교사만 있으면 대통령직을 잘 수행할 수 있다고 믿는 것 역시 허황되기는 마찬가지다. 말콤 글래드웰의 말처럼 큰 정치인이 되려면 1만 시간 정진해야 할 것이다. 1만 시간이면 하루 3시간, 주 20시간 해서 10년에 해당된다. 안철수가 정당 생활을 10년쯤 하고 등장해야 한다고 내가 주장하는 근거다. 훌륭한 정치 지도자가 되고 대통령이 되기 위해서는 순탄하기보다 역경을 겪어야 한다. 또 공공 분야에서 봉사하고 정진해야 한다. 이렇게 정진해도 원하는 수준에 미칠까 말까 한 것을 아직도 미분화된 원시사회 같은 이 나라에서는 대선 때만 되면 모두가 자신이 잘난 줄 알고 온 동네에서 밑도 끝도 없이 등장해 국민을 괴롭힌다.

앞으로는 그러지 말았으면 하는 바람을 담아 국내외 정치 지도자들이 어릴 적부터 어떻게 성장하며 어떤 경험을 해 일가를 이루었는가를 살펴보기로 한다.

리더의 출신과 성장 환경

동서양을 막론하고 리더들 가운데는 귀족 출신처럼 특권층에 속하는 인물이 있고 반대로 소외층에 속한 인물도 있다. 루스벨트와 처칠은 대대로 정치에 깊이 관여해 온 귀족 가문 출신이다. 드골과 레닌은 중상류층이었고 학자 집안이었다. 두 사람 간에 차이점이 있다면, 드골 가문은 애국심이 강했고, 레닌 가문은 차르 체제에 반발하고 그의 형이 혁명에 가담한 죄로 교수형에 처해질 정도로 반골 기질을 지닌 집안 출신이라는 점이다. 하워드 가드너가 쓴 『통합과 포용』에 리더들의 성장 과정이 잘 소개되어 있다.[6]

나라마다 사정은 다르지만 전체주의 국가의 리더들은 대개 사회에서 소외된 계층에 속한다. 히틀러의 아버지는 사생아였고 하급 세관원이었다. 무솔리니의 아버지는 대장장이었다. 스탈린은 가난한 구두수선공의 아들이다. 마오쩌둥의 아버지는 빈농이었지만 나중에 부농이 된다. 상제스는 상인의 아들이다. 김대중은 서자로 태어났다. 만델라도 셋째 부인에게서 태어났으니 우리로 치면 서자에 해당된다. 노무현은 고구마를 심어 생계를 겨우 꾸리는 빈농에서 태어났다. 이명박은 단칸방에 살면서 하루 두 끼를 술지게미로 때워 술 냄새 때문에 학교에서 왕따를 당하기도 했다.

집안이 좋아야 큰 인물이 나는 것은 아니다. 어려운 가정에서도 인물은 얼마든지 난다. 요즘은 그렇지 않다고 하지만 우리도 예로부터 개천에서 용이 나는 경우가 많았다. 요즘 농담

중에는 개천에서 난 용 따라가면 개천에 빠진다는 말이 있다. 다만 어려운 상황을 겪는 과정에서 선한 지도자가 아니라 불행하게도 못된 군주가 나오는 예가 많다는 게 문제다. 리더들의 어린 시절 집안 사정에 관해서는 뒤에 통계로 소개하기로 한다.

리더를 낳고 키운 사람들

위대한 리더들은 주로 어머니의 영향을 받는 편이다. 어머니 이야기는 뒤에 상세히 한다. 반면 아버지와의 관계는 미묘하다. 자랄 때 가치 혼란을 일으킬 정도로 긍정적 또는 부정적 영향을 주기 때문이다. 이반 대제는 아버지를 매우 증오했다. 스탈린은 아버지로부터 심하게 매질을 당하며 자랐다. 히틀러는 어머니를 습관적으로 구타하는 폭군 아버지 밑에서 자랐다. 마오쩌둥은 아버지를 싫어한 나머지 어린 나이에 집을 나온 적이 있다. 이들은 그 후 혹독하게 인권을 탄압하지만 전체주의 국가 지도자들이 다 그렇지는 않다. 레닌은 아버지를 본받고 그의 정치 성향을 따르려고 했다. 전체주의적 성향을 지닌 드골도 마찬가지였다. 이들 대부분은 어렸을 때 아버지를 잃었다. 박근혜도 사정이 비슷하다. 안철수는 엄친아로 아버지의 영향을 아직도 받는다.

대부분의 리더는 학교생활도 그리 원만하지 않았다. 처칠이 학교생활에 적응하지 못하고 공부도 신통치 않았다는 것은 널리 알려진 사실이다. 그는 라틴어와 희랍어를 좋아하지 않았다. 루스벨트는 학업에는 문제가 없었지만 공부를 열심히 하기보다는 성적에 연연하지 않았다. 히틀러는 낙제생이었고 들어가고 싶었던 미술학교에 입학하지 못했다. 스탈린은 어머니가 원한 대로 티플리스 신학교에 입학했지만 그곳에서 마르크스 사상을 퍼뜨리다가 퇴학을 당했다. 무솔리니는 학교 성적은 좋았지만 두 차례나 동급생을 칼로 공격했을 정도로 성격이 난폭했다. 마오쩌둥도 성격 때문에 공부를 잘하지 못했다. 같은 시대의 리더들 가운데 드골과 레닌만이 좀 예외여서 만일 학업을 계속했더라면 학자가 됐을지도 모른다. 레닌은 감옥에서도 책을 손에서 떼지 않을 정도로 탐구욕이 강했다.

레이건은 아버지에게서는 열심히 일하는 것과 큰 뜻을 품는 가치를 배웠고, 어머니에게서는 꿈을 실현시키는 방법을 배웠다고 회고한다. 마거릿 대처의 아버지 알프레드는 마거릿에게 어린 시절부터 정치적 경험을 쌓게 했다. 마을에 유명한 연설가가 왔을 때는 마거릿에게 연설을 듣고 요점을 정리하게 했다. 식료품점 점원에서 시작하여 그랜덤의 시장까지 된 자수성가형 아버지는 딸에게 삶의 지혜를 가르쳤다. 그 후 그녀는 아버지가 시의회에 진출하기 위해 선거운동을 하는 과정에 참여하기도 했다. 케네디의 아버지는 '1등이 되라'면서 기준을 정해 놓고 그 기준을 어기면 가차 없이 벌을 가할 정도로 엄격하고 완고했다.

이승만은 양녕대군의 16대손이라는 점을 아버지로부터 귀가 따갑게 들었다. 어머니는 이승만이 6세 때 천자문을 떼자 가난한 형편에도 동네잔치를 열었다. 이는 그가 엘리트 의식과 왕손 의식을 갖게 하는 바탕이 되었다. 김영삼은 여장부로 소문난 어머니 덕분에 자부심과 우월감이 대단했다. 이렇게 리더들에게 우월감을 심어 주는 부모가 있는가 하면, 강직함을 심어 주는 부모도 있다. 이명박은 자신의 인생에 가장 큰 영향을 미친 사람으로 어머니를 꼽는다. 그는 사춘기 때 뻥튀기 장사하는 게 부끄러워 밀짚모자를 썼다가 어머니에게 "도둑질한 것도 아니고 네 힘으로 일해 돈 버는 건 떳떳한 것"이라고 호되게 혼났다.

모험적인 야심가

리더들은 일부 학구적이기도 하지만 모험심이 강한 편이다.

세상의 궁금증을 풀기 위해 세계를 탐험하고 정복하려고 한다. 이들이 선택한 커리어 패스career path는 드골·장제스·도조·프랑코·처칠·아이젠하워·강영훈처럼 군대이거나, 무솔리니·처칠·레닌처럼 언론계이거나, 처칠·루스벨트처럼 정계였다. 군이 배경이 되는 경우는 혁명을 일으킨 리더들 대부분이 그렇다. 이렇게 이들이 정상에 올랐다는 점은 같지만, 정상에 오르기까지 가는 길은 반드시 일치하지 않는다. 몇 개의 직업을 두루 경험한 인물도 있다. 무슨 직업을 가졌든지 간에 열정과 성취욕, 그리고 정복욕 등이 이들을 리더로 만들었다. 문재인은 이 점에서 부족하다는 평을 듣는다.

어려운 생활 속에서 리더들은 학교생활도 원만하지 못했다. 박성희는 대구사범학교를 나녔시반 학교생활을 제대로 하지 못했다. 4학년 때 성적이 73명 중 꼴찌였다. 결석도 많이 했다. 김영삼은 통영중학교 2학년 때 한국인을 멸시하고 아이들이 도시락 반찬으로 김치를 싸 오면 빼앗아 내던졌던 일본인 교장을 골탕 먹였다. 일본 학생 반장을 때리고 정학 처분을 받기도 했다.

리더들은 학교생활에 제대로 적응하지도 못했다. 필립스 아카데미를 다녔던 부시는 학교를 "어둡고 습기 찬 듯한 축축한 분위기"라고 묘사했다. 늘 혼자 있었기 때문에 '립'이라는 별명이 생기기도 했다. 그는 여동생의 죽음으로 힘들어했고, 처칠처럼 디렉시아라는 독서장애 증상이 있었으며 방탕한 생활을 하기도 했다. 대처는 학교에서 인기가 없었다. 친화력이 있다거나 사교적인 성격이 아니었기 때문에 친한 친구가 적었다. 이런 이유로 동급생들에게 '야심가'라는 말을 들으면서 따돌림을 당하기도 했다. 안철수는 몸치여서 학교 때 축구를 할 때마다 놀림감이 되곤 했다.

폭넓은 외국 경험의 중요성

리더들은 젊었을 때 해외 경험을 많이 한 편이다. 여러 곳을 다니며 많은 것을 보고 느낄 수 있다는 점이 중요하다. 간디는 유럽과 남아프리카에서 20년이란 긴 세월을 보냈다. 처칠은 전 세계를 여행했다. 20대 때 종군기자로 쿠바, 인도, 수단, 남아프리카 전장을 누볐다. 장제스는 일본과 소련을 여행했다. 레닌도 여행을 많이 한 편인데 가까운 유럽으로 망명한 적도 있다. 프랭클린 루스벨트도 아내와 함께 유럽 여행을 즐겼다. 요즘 시대의 학생이면 거의 해외 배낭여행을 다니는 것과는 격세지감이 없지 않다.

케네디는 아버지의 지시로 두 달 동안 유럽을 여행하면서 각국의 전쟁준비 실태를 살펴보았다. 폴란드, 러시아, 우크라이나, 루마니아, 터키, 예루살렘, 레바논, 시리아, 그리스 등을 두루 돌아다녔다. 오바마는 인도네시아와 하와이에서 산 경험이 있으며, 유럽과 케냐를 여행하기도 했다. 아웅 산 수 치는 15세 때부터 30여 년 동안 영국과 인도에서 생활했다.

반면 여행을 거의 하지 않은 리더도 있다. 스탈린은 테헤란이나 비엔나 정상회담에 참여하기 위해 나라를 떠난 것 이외에는 거의 국내에만 있었다. 마오쩌둥도 해외여행을 해 본 적이 없다. 히틀러는 독일과 오스트리아 여행을 빼고는 거의 다른 나라에 가 본 적이 없고 제2차 세계대전 초기에 파리를 처음 방문했을 정도다.

세상이 넓고 다르고 다양하다는 것을 알았나면 그렇게 자기 집착적 증세를 보이지 않았을지도 모른다. 젊은 시절의 해외여행은 자국 중심적 관점에서 벗어나 낯선 문화와 이념에 새롭게 눈뜨는 계기가 된다. 남들은 나와 어떻게 다른지, 이를 조화시키려면 어떻게 해야 하는지를 고민하기 시작할 수 있기 때문에 젊을 때 해외 경험은 그만큼 중요하다. 노무현은 대통령이 되고 나서야 미국을 처음 방문했다. 올해 대선 후보 중 해외에서 공부한 사람은 손학규, 박근혜, 안철수 정도다.

굴절되고 반전되는 삶의 경로

이러한 리더들에게 굴곡진 삶의 경험은 그들이 리더로 성장하는 데 있어 큰 자양분이 된다. 케네디는 해군에 입대했을 당시 작전 수행 중 일본 구축함에 받쳐 표류하다 무인도에서 6일 동안 버티다가 겨우 목숨을 건졌다. 입후보할 때는 애송이나 풋내기라는 소리를 들을 정도로 성숙하지 못했다. 클린턴도 그랬다. 안철수를 여기에 빗댈 수 있을지 모르겠다. 아웅 산 수 치는 2세 때 아버지인 아웅 산 장군을 여의고 1960년에 인도 주재 미얀마 대사로 임명된 어머니를 따라 인도의 델리로 망명을 떠났다. 중풍으로 쓰러진 어머니를 돌보기 위해 1988년 4월에 귀국했고, 민주화 운동을 하는 14년 동안 끊임없이 가택연금을 당했다. 후진타오는 학생 시절 공작조에 의해 근신을 하기도 하고, 두 달 동안 노동개조를 통해 땅을 쓸고 닦고 화장실 청소를 하는 등 육체노동에 시달리기도 했다.

시대에 따라 다르긴 해도 인물들은 산전수전山戰水戰 다 겪는 경우가 흔하다. 처칠은 20대에 이미 유명인사가 될 정도로 정치, 언론, 전쟁 등에서 고른 업적을 쌓았다. 젊었을 적에는 공직도 없고 의원직도 없고 당도 없고, 심지어 맹장도 없다고 할 정도로 한직에서 활동이 두드러지지 않았다. 그러나 1940년 프랑스가 나치에 점령당한 후 영국 국민을 이끌 수 있는 유일한 인물로 부상했다.

드골의 경력은 처칠과 비슷한 면이 많다. 드골은 타고난 군인이자 정치가이자 저술가였다. 눌변인 처칠이 노벨 문학상을 탈 정도의 문장력을 가진 것과 비슷하다. 제1차 세계대전 때 베르 전투에 참가한 그는 세 번 부상을 당하고 독일 포로가 되었을 때 다섯 번이나 탈출을 시도했지만 실패했다. 혹독한 고문과 린치를 견디어 낸 뒤 1920년에 귀국하여 훈장을 받는다. 제2차 세계대전 중에는 영국 런던에서 방송을 하며 프랑스 국민의 항전을 촉구했고 북아프리카에서 군대를 지휘해 자유프랑스군을 이끌었다. 한때 은둔생활을 해야 했지만 1958년 알제리 전쟁 때 프랑스 국민은 다시 그의 탁월한 지도력을 높이 사 그 후 10년 동안 프랑스를 통치한다.

마오쩌둥은 중국 공산당 혁명활동 초기부터 관여했다. 1919년에 그가 제시한 비전은 '세계는 우리의 것이고 국가는 우리의 것이고 사회는 우리의 것이다. 우리가 말하지 않는다면 누가 말을 할 것인가? 우리가 행동하지 않는다면 누가 행동할 것인가?'다. 전략가적 기질이 넘치는 그는 한때 국민당과 손잡아 농민을 규합하고 20여 년이라는 긴 세월에 걸쳐 중국 전역을 장악했다. 그 후 27년 동안 독재자로 집권하며 의도적으로 혼란을 일으키고 이 변화를 기회로 삼아 감시하고 억압하고 통제하기를 서슴지 않았다.

레닌은 변호사와 학자가 되기를 꿈꾸며 평탄한 길로 가려고 했지만 아버지가 뇌출혈로 갑자기 사망했고, 그의 형은 차르 알렉산더 3세의 암살 음모로 교수형에 처해진다. 그는 볼셰비키 운동의 리더로서 러시아 내부의 봉기와 국제적 혁명을 일으키는 데 전력했다. 또한 타고난 이론가이며 논쟁가인 정치 리더로서 엘리트 정당을 창당하는 계획을 세운다. 그는 한때 서유럽으로 망명해 유럽 대륙에 공산당 세력을 키우는 데 앞장섰다. 프랑스에서 상트 페테르부르크로 밀입국한 그는 혁명의 분위기를 촉발하는 기폭제가 된다. 그러나 레닌은 소비에트사회주의공화국연방을 독재통치하기 시작하는 데는 성공했지만 병고에 시달리면서 공산노선을 확고히 세우지 못한 채 사망했다.

박정희는 1948년 여순반란 사건을 계기로 군내 좌익 소탕작업이 벌어졌을 때 남로당 프락치로 활동한 사실이 드러나 군사재판을 받았고 사형선고까지 받았다. 1949년 1월에는 강제 예편되었다. 김대중의 옥중편지도 그의 굴곡된 삶을 널리 알려준 역사의 기록이다.

박근혜는 엄격한 가정환경의 영향을 받는다. 박근혜는 아버지를 잃은 충격 속에서도 냉정하게 남과 북의 대치 상황을 걱정할 정도로 강인한 면을 보였다. 박근혜가 어머니로부터 받은 교육은 근검절약과 자랑하지 말라는 것이었다. 육영수는 어린 박근혜를 철저히 '보통 시민'으로 키웠다. 육영수는 영부인이라는 자만심에 빠지지 않기 위해 스스로를 경계했고 자식들에게도 남을 위해 모든 것을 자제하라고 일렀다. 항상 수첩에 주요 사안을 메모하고 다녀 훗날 '수첩공주'라는 별명까지 얻은 박근혜의 습관도 어머니에게서 비롯된 것이다. 박근혜는 이 별명을 '소신과 원칙을 지키는 여성 정치인'이라는 뜻으로 해석했다. 그러나 지나치게 꼼꼼하고 경직되어 있다는 것은 틀을 깨고 새로움을 추구하기 어렵다는 뜻이기도 하다.

가난과 역경이 만든 성장

큰 인물일수록 어려운 역경 속에서 자란다. 불우한 가정환경을 딛고 일어선 이들이 많다. 링컨의 아버지 토머스 링컨은 빈농이었고 어머니 낸시 행크스 링컨은 미혼모의 딸이었으며, 둘 다 문맹이었다. 링컨 역시 통나무집에서 받은 1년의 교육 외에는 정규교육을 제대로 받지 못했다. 어머니는 그가 9세 때 전염병으로 세상을 떠났고, 아끼던 여동생도 일찍 잃었으며,

정신이상자였던 아내와 두 아들 역시 일찍 죽었다. 레이건은 아버지가 가톨릭이자 아일랜드계라는 이유로 친구들 사이에서 소외되고 싸움도 자주 했다. 경제 대공황기에 청년 시절을 보냈으며 집도 가난했다. 대학을 졸업하던 1932년 융자받았던 대학 등록금을 갚기 위해 딕슨의 로웰 공원 수영장의 구조원으로 7년 동안 일해야 했다. 빌 클린턴은 유복자로 태어난 데다가 술을 마시고 어머니를 때리는 양아버지를 말려야 했던 어린 시절을 보냈다.

독일의 동서가 냉전으로 대립할 때 '동방정책'을 펴 동유럽 사회주의 국가들과의 친선을 추구했던 빌리 브란트 역시 상점 점원으로 일하던 미혼모의 아들이었다. 후진타오는 아버지 후쩡위가 차 상점을 경영했으나 가정형편은 어려웠다.

푸틴 역시 힘겨운 어린 시절을 보냈다. 그가 자란 상트 페테르부르크의 집단 주거지는 '콘크리트로 된 정글' 같은 곳이었다. 가난한 노동자의 아들로 태어난 그는 어린 시절 아파트에서 쥐를 쫓으며 놀았고 170cm가 채 안 되는 비교적 작은 체격이었지만 우두머리 노릇을 했다. 또 스스로를 '날라리'라고 일컬었으며, "나는 방과후 항상 싸울 준비가 돼 있는 불량소년이었다"라고 자신의 어두운 과거를 회고하기도 했다. 그러나 넉넉하지 못한 어려운 집안형편에도 영특해 7세 때 위키백과를 독파할 정도였다.

케냐 루오족 출신의 아버지와 캔자스 출신의 백인 어머니 사이에서 태어난 오바마는 어린 시절 인도네시아에서 4년 동안 생활했다. 이때 가난과 질병을 경험했고, 계부 밑에서 생활하기도 했으나 주로 외할머니 손에서 성장했다. 백인, 흑인, 황인 중 그 어디에도 소속감을 갖지 못한 그는 인종 차별과 편견을 혹독하게 경험한다. 미국으로 다시 돌아왔을 때도 인종 차별의 벽은 높았다. 학업에 열중하기보다는 담배와 마약을 하면서 방황했다.

연약했던 케네디는 어렸을 때부터 디프테리아 등 앓지 않은 병이 없을 정도로 여러 병마에 시달렸으나, 병상에서 많은 시간을 보낸 덕분에 독서량이 많았다. 중·고등학교 때에도 공부를 잘하지 못했다. 대학에 들어갈 즈음에도 황달에 걸렸으며, 추간판 헤르니아 병을 얻어 평생 고생한다.

코피 아난 전 유엔사무총장은 어릴 때 야구장에서 구두닦이를 했다. 이때 손님으로 온 노신사에게 야구공이 곡선을 그리며 높이 나는 이유를 물었다. 그 신사는 공의 상처를 실로 꿰맨 자국 때문에 그렇다고 했다. 아난은 그 후부터 사회의 상처를 꿰매겠다고 결심한다. 공에 난 상처는 흠이 아니라, 필수 불가결한 존재의 이유였던 것이다.

　박정희는 어렸을 때부터 왜소했지만 성격이 곧고 야무져 별명이 '대추방망이'였다. 자기 집 수탉이 남의 집 수탉과 싸워서 지는 것도 싫어했다. 그 역시 가난으로 고생했다. 박정희는 상모리에서 태어났는데 이곳은 구미로부터 20여 리 떨어진 두메산골이다. 박정희의 집은 특히 가난한 편에 속했다. 젖이 모자라 밥물에 곶감을 넣어 끓인 대용식 때문에 영양실조로 밤눈까지 어두웠다. 초등학교 때는 짚신을 신은 채 왕복 40리 길을 다녔고 학용품을 사기 위해 땔나무를 해 팔기도 했다. 이런 어릴 적 험한 경험이 크면 발전지향형이 된다고 이한빈은 말했다.

험난한 민주투쟁과 용기

　위대한 지도자 중에는 민주투쟁으로 옥중생활을 마다하지 않은 인물이 많다. '별을 달아야' 정치적 인물이 된다는 말이 있듯이 독재정권에서 자유를 구가하며 투쟁한 사람치고 옥중생활을 하지 않은 인물이 없다. 이승만과 김대중이 대표적 인물이다. 손학규, 문재인도 그렇다. 군대생활을 해 보지 못했거나 영어囹圄의 몸이지 않은 인물의 됨됨은 그렇지 않은 경우와 확연히 차이가 난다.

　외국 지도자로 대표적인 인물이 만델라다. 자그마치 27년을 옥살이했다. 프랑스 문화상과 교육상을 지낸 자크 랑Jack Lang의 표현에 따르면, 만델라는 세계라는 연극의 무대 위에 선 존재감이 뚜렷한 배우다.

그에게서 배울 8가지 교훈은 기억해 둘 만하다. ① 용기란 단순히 두려움이 없다는 정도가 아니라 두려움을 뛰어넘을 수 있도록 남을 고취시키는 것이다. ② 앞에서 이끌되 네가 바탕 삼는 것에서 벗어나면 안 된다. ③ 뒤에서 밀되 당신이 뒤에 있다는 것을 믿게 하라. 토론할 때를 예로 들면, 말하는 대신 동의를 이끌어 내도록 하고 토론에 너무 일찍 끼어들지 마라. ④ 적을 알아라. 그들의 언어(백인Afrikaner들의 언어)와 그들이 좋아하는 스포츠(럭비)를 배워라. ⑤ 친구를 가까이하고 라이벌은 더 가까이하라. ⑥ 외양이 중요하다. 웃음은 더욱더 중요하다. 그는 가난한 법학도로 누더기가 다 된 헌 옷 한 벌만 입고 다녔어도 그의 환한 미소에 호감을 갖지 않는 사람이 없었다. 더욱이 그는 권투를 했는데 리더의 크기와 정력은 무엇보다도 상대에게 주는 인상이며 신뢰와 직결된다. ⑦ 흑백으로 완연히 구별되는 것은 세상에 아무것도 없다. 삶이란 이거냐 저거냐가 아니라 결정은 늘 복잡하고 그 안에 여러 요인들이 얽히고설켜 있다. 사람들은 흔히 명쾌한 설명을 기대하지만 그것은 실재와는 매우 거리가 멀다. ⑧ 적절한 때 끝내는 것이 곧

이기는 것이다.

비슷한 경력의 소유자가 김대중이다. 이승만은 5년간의 옥살이를 했다. 그러면서도 옥중에서 『독립정신』이라는 국민 계몽서를 집필하기도 했다. 또한 사형수의 입장에서도 영어 단어를 외워 "언제 죽을지도 모를 사람이 그런 공부를 해서 무엇에 쓰냐?"는 질문에 "죽으면 못 쓰더라도 산 동안 할 건 다 해보아야지. 혹 쓰일 일이 있을지도 모르니까"라고 태연히 대답했다. 4·19혁명으로 권좌를 내준 이승만은 프란체스카와 하와이로 망명한다. 하와이에서도 가난과 병고에 시달린다. 낡은 성경책 한 권이 든 가방 하나가 유일한 재산이었다.

누가 민주화합 칸타타를 연주할 것인가

앞으로 우리의 숙제인 민주화합 칸타타(독창, 합창, 여러 악기가 어우러지는 서정적 교성交聲)를 누가 연주할 것인가? 서양의 리더들과 한국의 리더들을 비교해 보면 가정형편이 어려웠고 굴곡진 경험을 했다는 점에서 큰 공통점을 가진다. 시련과 역경을 딛고 일어난 경험이 그들을 리더로 만들었다. 요즘 리더들 중에는 넉넉하게 자란 인물이 많다.

그래서 리더를 리더답게 만들어 주는 공통점을 한두 가지로 설명하기는 어렵다. 그래도 기록들을 정리해 보니, ① 학창 시절부터 리더로 활약한 경험, ② 풍부한 독서, ③ 뚜렷한 비전과 이념, ④ 법학 공부, ⑤ 닮고 싶은 역할 모델 존재, ⑥ 돈독한 신앙심, ⑦ 의사소통 능력, ⑧ 해외 체류 경험, ⑨ 융합적 시각 등이었다. 조사에 포함된 인물 중에는 간디, 처칠, 체 게바라, 덩샤오핑, 만델라, 대처, 푸틴, 메르켈, 수 치, 힐러리 클린턴 등이 있다. 여기에 김용과 푸틴처럼 운동도 잘해야 모든 것을 체득해 생각이 깊어질 수 있다. 불굴의 정신은 역경에서 솟는다. 힘든 경험이 자신을 농익게 한다. 흙, 비바람, 햇볕 등이 한데 어우러지는 테루아 리더의 등장이 소망스런 이유다.

리더들의 어린 시절

- 학창 시절부터 리더로 활약한 경험
- 풍부한 독서
- 뚜렷한 비전과 이념
- 법학 공부
- 닮고 싶은 역할 모델 존재
- 돈독한 신앙심
- 의사소통 능력
- 해외 체류 경험
- 융합적 시각

또 다른 통계에서는 리더들이 어릴 적에 힘든 경험을 했던 일을 강조한다. 400명의 역사적 인물 중 75%가 결손가정, 과잉 소유욕, 독재적 부모 등으로부터 고통을 받았다. 정치인은 아니지만 20세기 저명한 소설가, 극작가, 예술가, 과학자들 중 85%가 문제가정에서 자랐다. 온정과 애정이 부족했는데도 창조적 과학자로 성공한 사례들이 있다. 케플러Johannes Kepler는 아버지를 "사악하고 완고하고 싸우기 좋아하고 말년에 불행했던" 인물이라고 적었다. 행복한 가정에서 태어나는

리더, 어떻게 탄생하나?

- 400명의 역사적 인물 중 75%가 결손가정, 과잉 소유욕, 독재적 부모 등으로부터 고통받았다.
- 20세기 저명한 소설가, 극작가, 예술가, 과학자들 중 85%가 문제가정에서 자랐다.
- 온정과 애정이 부족했는데도 창조적 과학자로 성공한 사례들이 있다. 케플러는 아버지를 "사악하고 완고하고 싸우기 좋아하고 말년에 불행했던" 인물이라고 적었다.
- 행복한 가정에서 태어나는 것이 불행이라고 말한 사람에게 바이달은 "부모 중의 한 사람을 증오한 힘이 이반 대제나 헤밍웨이를 만들었다. 부모 모두로부터 받는 사랑은 인물을 망치는 것이 분명하다"고 말했다.

것이 불행이라고 말한 사람에게 바이달Gore Vidal은 "부모 중의 한 사람을 증오한 힘이 이반 대제나 헤밍웨이를 만들었다. 부모 모두로부터 받는 사랑은 인물을 망치는 것이 분명하다"고 말했다.

현시점에서 대통령은 누가 해야 하며, 우리 시대 리더들의 커리어 패스엔 어떤 정형이 있을까? 브라질의 다실 바 룰라는 금속노조 위원장을 하다 대통령이 된다. 이는 매우 이례적인 사례다. 기업인 출신이 대통령이 되기는 어렵다. 사부문과 공공부문의 패러다임과 논리가 크게 다르기 때문이다. 한 나라를 맡으려면 적어도 공공부문에서 정진하는 것이 정답이다. 서양에서는 젊었을 때부터 정당활동을 한다. 안철수가 아이젠하워를 벤치마킹한다고 한다. 아이센하워는 성치와 널었넌 세 2차 세계대전의 영웅이다. 그러나 그는 큰 조직을 관리하고, 생과 사의 갈림길에서 판단을 잘해 낸 인물이다.

경력이 화려하고 전문가일수록 자기중심적이고 자기밖에 몰라 남을 도울 생각을 하지 못해 리더 자격이 부족하다. 역경 속에서 고뇌하고 쓰라린 경험을 해 봐야 남과 세상을 이해하고 융합적 시각의 눈을 뜰 수 있다. 나보다 남, 남보다 우리 모두를 위해 희생할 수 있는 사람이 리더다. 나보다 남을 위한다는 공공성은 리더십의 기본 중 기본이다.

복잡하게 얽히고설킨 국정의 난제를 풀기 위해서는 여러 직업 경로를 거쳐 생각과 느낌, 자성이 응축되고 체화된 인물이어야 갈기갈기 찢긴 사회의 화합을 이끄는 민주 칸타타를 연주할 수 있다.

3

CHAPTER

역사를 빛낸 여성 리더들

　이번 대선에 여성 후보가 있으니 여성 리더십을 말하지 않을 수 없다. 역사상 여성 리더는 많았다. 여왕들을 비롯해 다른 나라에는 여성 대통령, 여성 총리들이 심심찮게 있었다. 그러나 유독 동북아시아에는 여성 리더가 두드러지지 않았다. 자유주의·민주주의 나라 미국에도 아직 여성 대통령이 없는 것은 좀 의아하다. 이 장에서는 역사를 빛낸 여성 리더들을 간략히 소개한다.

　역사를 빛낸 여성 리더들이 정치 분야에만 있는 것은 아니다. 사회 각 부문에서 활동한 여성은 대단히 많다. 여기서는 정치 이야기를 하고자 하는 것이니 군주제의 여왕이거나 여성 국가 지도자(대통령 또는 총리)에 관해서 일별하고 현대의 여성 리더들에 대해 살펴보고자 한다.

여성 군주

우리나라에는 신라시대 때 선덕·진덕·진성 여왕 등이 있었다. 선덕여왕善德女王(재위 632~647)은 신라의 제27대 왕이며 최초의 여왕이다. 내정에서는 선정을 베풀어 민생을 향상시켰고 구휼사업에 힘썼으며 첨성대와 황룡사구층목탑皇龍寺九層木塔을 건립하는 등의 업적을 남겼다. 진덕여왕(재위 647~654)은 신라의 제28대 왕으로 여왕을 반대하는 반란세력을 진압하고 당나라와의 친교를 돈독히 했으며 삼국통일의 기틀을 마련했다. 진성여왕(재위 887~897)은 신라의 제51대 왕으로 정강왕이 후사 없이 서거해 그 뒤를 이어 왕위에 올랐다. 문란한 행실과 실정으로 국가재정을 위태롭게 하고 민심을 동요시켰으며 이로 인해 전국적인 농민반란이 일어났다. 헌강왕의 서자 요嶢를 태자로 책립했으며 실정에 대한 책임을 지고 태자에게 왕권을 양위했다.

특히 선덕여왕(미상~647)은 신라 27대 국왕으로 16년 동안 재위한다. 고구려, 백제와 삼국을 이루고 각축하던 시대로 당나라에 의존해 두 나라를 견제하지 않으면 안 되던 시대였다. 성은 김씨, 이름은 덕만德曼이다. 진평왕과 마야부인 사이에서 장녀로 태어났다. 진평왕이 후사 없이 죽자 화백회의에서 그녀를 왕위에 추대하고, '성조황고聖祖皇姑'란 호를 올렸다. 선덕여왕이 왕위에 즉위할 수 있었던 것은 '성골'이라는 당시 특수한 왕족 의식 때문이다.

즉위하던 해인 632년에 대신 을제乙祭에게 국정을 총괄하게 하고, 전국에 관원을 파견해 백성들을 진정시켰으며, 633년에는 주·군의 조세를 1년간 면제해 주는 등 일련의 민심 수습책을 썼다. 분황사와 영묘사를 세운 것도 선덕여왕이다.

대외적으로는 634년에 인평仁平이라는 독자적인 연호를 사용함으로써 중고中古 왕실의 자주성을 견지하고자 했다. 그러나 백제 의자왕의 침공을 받아 서쪽 변경에 있는 40여 개 성을 잃는 등 백제와 고구려로부터 나라를 지키기 위해 당과 연합으로 보존책을 강구하고 매년 조공 사신을 파견해 당나라에 대한 의존도가 높을 수밖에 없었다.

선덕여왕은 통치에서 김유신의 도움을 크게 받는다. 그를 압량주押梁州(지금의 경상북도 경산) 군주로 임명해 백제를 방어하게 했다. 그리고 당나라에 유학 가 있던 자장慈藏을 불러들여 정치권에 깊숙이 개입하게 했다. 자장은 왕권을 강화하기 위해 불교를 적극 활용함으로써 여왕의 권위와 통치력에 새로운 위상을 세웠다. 호국 중심 사찰인 황룡사에 선덕여왕 14년(645) 높이 80m의 황룡사구층목탑을 건립했던 것도 다 연유가 있었던 것이다.

늘 의존했던 당 태종으로부터 신라에 문제가 있는 것은 여왕 통치 때문이라는 말에 신라 정계에는 파문이 일었다. 647년 1월에는 상대등 비담毗曇과 염종廉宗 등 진골 귀족들이 여왕이 정치를 잘못한다는 구실로 반란을 일으키기도 했다. 그러나 김춘추와 김유신이 이를 진압했다. 하지만 여왕은 이 내란의 소용돌이 속에서 재위 16년 만에 서거한다.

중국과 일본, 그리고 베트남까지 주로 7~8세기에 걸쳐 여군주가 국가를 통치했던 것은 차이니스네스Chineseness 국가에서 모계사회였기 때문일 것이다.

무조武照(624~705)는 중국 역사상 최초이자 최후의 여황제다. 14세에 당 태종의 후궁으로 들어가 태종 사후 그의 아들 고종의 후궁이 되었다가 사별 후 황제에 등극한다. 측천무후 또는 무측천이라 불리는 그는 지략이 빼어나고 친인척이나 원로대신이라도 반대세력이라면 잔인무도하게 제거했다. 자신은 살아남아 세력을 유지하기 위해 비구니가 되는 등 변신에 능했다. 자신의 권력을 유지하기 위해서였지만 무조가 시행한 정책은 중국 역사상 매우 중대한 의미를 지녔다. 즉 당대의 중국 사회가 군사적·정치적 귀족 계층에 의해 통치되던 사회에서 사대부 가문 출신의 문인 관료 계층이 주도하는 사회로 바뀌게 된 것이다. 백성들의 생활이 풍족했고 무능한 관리를 정리하는 행정개혁도 단행하는 등 태평성대를 구가해 그녀의 치세를 '무주의 치武周之治'라고 역사가는 평하기도 한다.[7]

수렴청정이지만 천하를 지배한 황후로 중국의 서태후西太后(1835~1908)를 빼놓을 수 없다. 청나라 함풍황제咸豊皇帝의 후궁으로 동쪽의 종수궁에 기거한 자안황태후에 빗대어 서쪽 저수궁에 기거한 연유로 이름 붙여진 서태후는 간교하고 권력을 찬탈하기 위해 무모하기 이를 데 없었다. 외부 정세에도 어려워 외세와 불평등 조약을 쉽게 맺어 사리사욕 때문에 나라를 내팽개쳤다는 비난을 면치 못했다. 그런 가운데에서도 외세에 밀려 서안으로 몽진 후 북경으로 돌아온 후에는 그동안 집착했던 쇄국정책을 버리고 근대화 작업에 착수했다. 만주족과 한족의 혼인을 허용하고 여인들의 전족을 금지시켰다. 남자들의 단발이 허용되었던 것도 이때였다. 시험제도를 개혁하고 신문 보도의 자유를 보장하는 유신변법을 시행한 이른바 '백일개혁'을 단행한 광서제를 뒤에서 도운 것도 서태후다.

아시아를 벗어나 유럽에는 여왕이 여럿 있었다. 74~77페이지의 표에서 보는 바와 같이 유럽에는 고대와 중세를 제외하면 주로 17~19세기에 많았다.

유럽의 대표적 여왕은 엘리자베스 1세(1533~1603)다. 헨리 8세의 두 번째 왕후 앤 불린 사이에서 태어났다. 열강들의 위

협과 심각한 인플레이션, 그리고 종교전쟁으로 혼란스럽기 그
지없던 16세기 초 유럽의 후진국에 속했던 영국을 제국으로
성장시키는 데 크게 이바지한 여왕이다. 고전과 역사, 수사학
과 윤리, 철학 등을 배우고 그리스어, 라틴어, 프랑스어, 이탈
리아어 등 외국어에 능통해 훗날 외교활동에도 큰 도움이 되
었다. 영리하고 진지한 여왕은 신학도 공부해 형성기에 있던
성공회의 교리를 받아들이기도 했다. 주변에 현명한 조언자들
이 많았다. 모직 공업을 장려해 농촌 중심 경제를 발전시키고
목초를 확대해 양을 키우는 것도 독려했고, 구빈법이라고 불
리는 사회복지 정책도 폈다.

　여왕의 업적으로 가장 위대했던 것은 화공선을 동원해 칼
레에서 당시 세계를 제패하고 있던 스페인 무적함대를 격퇴시
킨 일이다. 이로 인해 스페인은 유럽에서 주도권을 잃는 계기
를 맞았고 그 후 세계의 중심은 17세기 베르사이유, 18세기 네
덜란드를 거쳐 19세기 팍스 브리타니카로 바뀐다. 무적함대 격
퇴 후 영국은 국민들의 정신적 결속과 일체감을 확립할 수 있
었다. 문학에도 꽃이 피어 윌리엄 셰익스피어를 낳았고, 프랜
시스 베이컨의 경험론 철학이 싹튼 것도 이 시기였다. 아메리
카 대륙에 독신인 엘리자베스 1세를 일컫는 '버지니아'라는 이
름의 식민지를 개척하게 된 것도 여왕 때문이고, 식민지 경영

기관인 동인도 회사를 인도에 창설해 영국이 대영제국으로 발전하는 발판을 마련했다. 엘리자베스 1세가 여성의 권위와 왕의 위엄, 그리고 국가의 자존심을 상징하는 인물로 지금껏 추앙받아 당대를 '엘리자베스 시대'라고 부르기에 손색이 없다.

유럽에서 여왕으로 빼놓을 수 없는 인물이 프랑스의 마리 앙투아네트_{Marie Antoinette}(1755~1793)다. 마리아 테제지아 여제의 딸로 루이 16세의 왕비였다. 루이 16세 즉위를 기념해 선물로 받은 프티 트리아농 궁전에서 값비싼 보석과 드레스로 치장하고 매일 호화 파티를 열어 국민의 원성을 샀고 민생의 삶을 궁핍으로 몰았다. 그러나 실제 그녀는 상냥하고 동정심 많은 평범한 왕족이었는데 바깥 사정에 어두웠던 것이 화를 자초한 원인이었다. 결국 비극으로 삶을 미쳤지만, 아이러니하게 왕실의 사치와 방탕이 민중의 불신과 분노를 사 1789년 프랑스 혁명을 촉발시킨 계기가 되었으니 프랑스 역사 발전에 공헌했다고 아니할 수 없다.

현존하는 여왕으로는 엘리자베스 2세 영국 여왕이 유일한데 얼마 전 다이아몬드 주빌리(60주년 기념)를 맞았다. 영국을 60년간 다스리며 훌륭한 재상들을 만나 영국병도 치유하고, 2012년 제30회 런던 하계 올림픽 때 영국의 위용을 만천하에 과시해 영국이 세계의 중심에 건재함을 알렸다.

지역	국가	여성 군주명	재위기간
동아시아	한국	선덕여왕	632~647년
		진덕여왕	647~652년
		진성여왕	887~897년
	일본	스이코 일왕	593~628년
		고교쿠 일왕	642~645년 655~661년
		지토 일왕	690~697년
		겐메이 일왕	707~715년
		겐쇼 일왕	715~724년
		고켄 일왕	749~758년 764~770년
		메이쇼 일왕	1629~1643년
		고사쿠라마치 일왕	1762~1771년
	무주(중국)	성신황제	690~705년
동남아시아	미얀마	신소부	1258~1277년
	베트남	(쯩 왕조) 쯩짝여왕	40~43년
		찌에우 여왕	248년(6개월)
		(리 왕조) 소황	1224~1225년
남아시아	인도	라지야	1236~1239년
서남아시아	이란	야자드무드흐트	630년
유럽	네덜란드	빌헬미나 Wilhelmina der Nederlanden	1890~1948년
		율리아나Juliana	1948~1998년
		베아트릭스Beatrix	1980~현재
	노르웨이	마르그레테Margrete	1388~1412년 (덴마크·노르웨이, 스웨덴 통치)

유럽	덴마크	마르그레테 1세Margrete I	1387~1412년 (덴마크·노르웨이, 스웨덴 통치)
		마르그레테 2세Margrethe II	1972~현재
	러시아	예카테리나 1세Ekaterina I	1725~1727년
		안나 이바노브나 Anna Ivanovna	1730~1740년
		옐리자베타 페트로브나 Yelizaveta Petrovna	1741~1762년
		예카테리나 2세Ekaterina II	1762~1796년
	룩셈부르크	마리 아델라이드 Marie-Adélaïde	1912~1919년
		샤를로트Charlotte	1919~1964년
	비잔티움	이레네	797~802년
		조에	1042년
		테오도라	1042년 / 1055~1056년
	스웨덴	마르그레테	1389~1412년 (덴마크·노르웨이, 스웨덴 통치)
		크리스티나Alexandra Christina	1632~1654년
		울리카 엘레오노라 Urlika Eleonora	1719~1720년
	나바르 (스페인)	후아나 1세Juana I	1274~1305년
		후아나 2세Joan II	1328~1349년
		블랑카 1세Blanche I	1425~1441년
		블랑카 2세Blanca II	1461~1464년
		레오노르Eleanor, Leonor	1479년
		카타리나	1483~1517년
		후아나 3세Joan III	1555~1572년

유럽	카스티야, 레온, 아라곤, 스페인 (스페인)	우르카	1109~1126년
		페트로닐라	1137~1164년
		베렝겔라	1217년
		후아나 라 벨트라네하	1474~1479년
		이사벨 1세	1474~1504년
		후아나 라 로카	1504~1555년
		이사벨 2세	1833~1868년
	잉글랜드, 스코틀랜드, 영국, 영연방	모드	1141년
		메리 1세Mary I	1553~1558년
		제인Lady Jane Grey	1553년
		엘리자베스 1세Elizabeth I	1558~1603년
		메리 2세Mary II	1689~1694년
		앤Anne	1702~1714년
		빅토리아Queen Victoria	1837~1901년
		엘리자베스 2세Elizabeth II	1952~현재
	오스트리아	마리아 테레지아 Maria Theresia	1740~1780년
	이탈리아		
	나폴리 (이탈리아)	조반니 1세	1343~1382년
		조반니 2세	1414~1435년
		조반니 3세	1516~1555년
	시칠리아 (이탈리아)	콘스탄체	1194~1198년
		마리아	1377~1401년
		조반니	1516~1555년
	파르마 (이탈리아)	마리아 테레사	1740~1748년
		마리 루이즈	1814~1847년

유럽	체코	마리아 테레시에	1740~1741년 1743~1780년
		베아트리스	1383~1385년
	포르투갈	마리아 1세	1777~1816년
		마리아 2세	1826년 / 1834~1853년
	폴란드	야드비가 Jadwiga	1384~1399년
		안나	1574~1586년
	헝가리	마리어 1세	1382~1385년 1386~1398년
		마리어 2세 테리지어	1740~1780년

자료: 위키피디아에서 정리

여성 국가 지도자

군주국의 여왕 말고 20세기에 들어서면 여성 대통령과 총리가 등장한다. 우리나라에는 한명숙 총리가 있었다. 아시아만 해도 14명의 여성 톱 리더가 있었고, 현직으로는 방글라데시의 세이크 하시나 총리와 태국의 잉락 총리가 있다.

유럽, 중·남미, 오세아니아의 현직에는 독일의 앙겔라 메르켈 총리, 리투아니아의 달리아 그리바우스카이테 대통령, 코보소의 아티페테 야하가 대통령, 슬로바키아의 이베타 라디코바 총리, 아르헨티나의 크리스티나 페르난데스 대통령, 자메이카의 프르티아 심슨—밀러 총리, 아이티의 미셸 피에르 루이 총리, 호주의 퀜틴 브라이스 총독과 줄리아 길라드 총리 등이다.

지역	국가	직위	여성 국가 지도자명	재임기간
아시아	대한민국	국무총리	한명숙	2006~2007년
	스리랑카	총리	시리마보 반다라나이케 Sirimavo Ratwatte Dias Bandaranaike (세계 최초 여성 총리)	1960~1965년 1970~1972년 1972~1977년 1994~2000년
		총리	찬드리카 쿠마라퉁가 Chandrika Kumaratunga	1994년
		대통령		1994~2005년
	파키스탄	총리	베나지르 부토 Benazir Bhutto	1988~1990년 1993~1996년
	필리핀	대통령	코라손 아키노 Maria Corazon Sumulong Cojuangco Aquino	1986~1992년
		대통령	글로리아 아로요 Gloria Arroyo	2001~2010년
	인도네시아	대통령	메가와티 수카르노푸트리 Megawati Sukarnoputri	2001~2004년
	인도	총리	인디라 간디 Indira Gandhi	1966~1977년 1980~1984년
		대통령	프라티바 파틸 Pratibha Devisingh Patil	2007~2012년
	대만	부총통	뤼슈롄 呂秀蓮	2000~2008년
	방글라데시	총리	칼레다 지아 Begum Khaleda Zia	1991~1996년
		총리	셰이크 하시나 Sheikh Hasina Wazed	2009~현재
	키르기스스탄	대통령	로자 오툰바예바 Roza Otunbayeva	2010~2011년
	태국	총리	잉락 친나왓 Yingluck Shinawatra	2011~현재
유럽	영국	총리	마거릿 대처 Margaret Thatcher	1979~1990년

지역	국가	직책	이름	재임 기간
유럽	아이슬란드	대통령	비그디스 핀보가도티르 Vigdis Finnbogadottir	1980~1996년
		총리	요한나 시귀르다르도티르 Johanna Siguroardottir	2009~현재
	노르웨이	총리	그로 할렘 브룬틀란 Gro Harlem Brundtland	1981년 / 1986~1989년 1990~1996년
	아일랜드	대통령	메리 로빈슨 Mary Therese Winifred Robinson	1990~1997년
		대통령	메리 매컬리스 Mary Patricia McAleese	1997~2011년
	스위스	대통령	루트 드라이푸스 Ruth Dreifuss	1998~1999년
		대통령	미쉘린 칼리-레이 Micheline Calmy-Rey	2005~2006년
		부통령	도리스 로이타르트 Doris Leuthard	2009~2009년
		대통령		2010~2010년
	라트비아	대통령	바이라 비케프레이베르가 Vaira Vike Freiberga	1999~2007년
	핀란드	대통령	타르야 할로넨 Tarja Halonen	2000~2006년 2006~2012년
		총리	안넬리 예텐메키 Anneli Tuulikki Jaatteenmäki	2003~2010년
		총리	마리 키비니에미 Mari Johanna Kiviniemi	2010~2012년
	독일	총리	앙겔라 메르켈 Angela Merkel	2005~현재
	우크라이나	총리	율리야 티모센코 Yuliya Tymoshenko	2005년 / 2007~2010년
	크로아티아	부총리	야드란카 코소르 Jadranka Kosor	2003~2009
		총리		2009~현재
	포르투갈	총리	마리아 다 루르데스 핀타실구 Maria da Lourdes Pintasilgo	1979~1980년
	리투아니아	총리	카지메리아 프룬스키에네	1999년
		대통령	달리아 그리바우스카이테 Dalia Grybauskaite	2009~현재

	나라	직위	이름	기간
유럽	터키	총리	탄수 칠레르Tansu Çiller	1993~1996년
	코소보	대통령	아티페테 야햐가 Atifete Jahjaga	2011~현재
	프랑스	총리	에디트 크레송Edith Cresson	1991~1992년
	폴란드	총리	한나 수호츠카 Hanna Suchocka	1992~1993년
	마케도니아	총리	라드밀라 세케린스카 Radmila Škerinska	2004년
	슬로바키아	총리	이베타 라디코바 Iveta Radicova	2010~현재
	몰도바	총리	지나이다 그레세아니 Zinaida Greceani	2008~현재
	몰타	대통령	애거서 바버라 Agatha Barbara	1982~1987년
중남미	아르헨티나	영부인	이사벨 페론Isabel Peron (세계 최초의 여성 대통령)	1973~1974년
		부통령		1973~1974년
		대통령		1974~1976년
		정당의 당수		1974~1975년
		대통령	크리스티나 페르난데스 Cristina Fernandez	2007~현재
	에콰도르	대통령	로잘리아 아르테아가 Rosalía Arteaga	1997년
	파나마	대통령	미레야 모스코소 Mireya Moscoso	1999~2004년
	브라질	대통령	지우마 호세프	2011~현재
	코스타리카	대통령	라우라 친치야	2010~현재
	니카라과	대통령	비올레타 데 차모로	1990~1997년
	볼리비아	대통령	리디아 구에이에르 떼하다 Lidia Gueiler Tejada	1979~1980년
	도미니카	총리	유지니아 찰스 Dame Mary Eugenia Charles	1980~1995년
	칠레	대통령	미첼 바첼레트Verónica Michelle Bachelet Jeria	2006~2010년

지역	국가	직위	이름	기간
중남미	자메이카	총리	포르티아 심슨-밀러 Portia Simpson Miller	2006~2007년 2012~현재
	페루	총리	로사리오 페르난데스 Rosario Fernandez	2011년
북미	캐나다	총리	킴 캠벨Avril Phaedra Douglas Kim Campbell	1993년
		총독	미카엘 장Michaelle Jean	2005~2010년
	아이티	대통령	에르타 파스칼 트루요 Ertha Pascal Trouillot	1990~1991년
		총리	미셸 피에르 루이 Michele Pierre-Louis	2008~현재
오세아 니아	뉴질랜드	총리	제니 시플리 Jennifer Mary Shipley	1997~1999년
		총리	헬렌 클라크Helen Clark	1999~2008년 (2009~현 유엔개발계획 총재)
	호주	총독	퀜틴 브라이스 Quentin Bryce	2008~현재
		부총리	줄리아 길라드 Julia Gillard	2007~2010년
		총리		2010~현재
중동	이스라엘	총리	골다 메이어Golda Mabovitz	1969~1974년
아프리카	모삼비크	총리	루이지 디오구 Luisa Dias Diogo	2004~2010년
	상투메 프린시페	총리	마리아 두 카르모 실베이라 Maria do Carmo Silveira	2005~2006년

자료: 위키피디아에서 정리

현대의 여성 리더들

역사상 부침했던 여성 지도자들은 많다. 현존하는 인물로는 재임 60주년을 맞은 영국의 엘리자베스 2세 여왕이 있다.

국가의 상징적 인물로 실권은 총리가 맡고 있긴 하지만 정치 지도자임에는 틀림없다. 인도의 인디라 간디, 스리랑카의 반다라나이케 같은 인물은 오늘날에도 회자된다.

여성 리더십을 조명하기 위해 세 부류의 여성 지도자를 각각 두 명과 두 명, 그리고 세 명으로 나누어 간략하게 소개한다. 첫 부류는 민주투쟁에 앞장선 수 치와 호세프이고, 둘째 부류는 미래를 연 여성 리더로서 로빈슨과 바첼렛, 그리고 셋째 부류는 과학도라는 공통점을 지닌 대처, 메르켈, 박근혜다.

여성 민주투사의 상징: 수 치와 호세프

아웅 산 수 치는 버마(구 미얀마)에서 32세의 젊은 나이에 순국한 독립의 영웅 아웅 산 장군과 국모로 불렸으며 국회의원도 했고 첫 여성 대사로 인도에 부임했을 정도로 활발한 정치 활동을 했던 돈킨티(다우 킨 치)의 고명딸이다. 수 치는 1960년 인도 대사로 부임한 어머니를 따라 인도에서 유년기를 보냈다. 1988년 조국으로 돌아갈 때까지 외국 생활을 한 셈이다. 수 치는 영국 옥스퍼드대학교에서 정치, 경제, 철학 등을 공부하고 뉴욕에 있는 유엔에서 일하기도 했다. 아시아 연구자 마

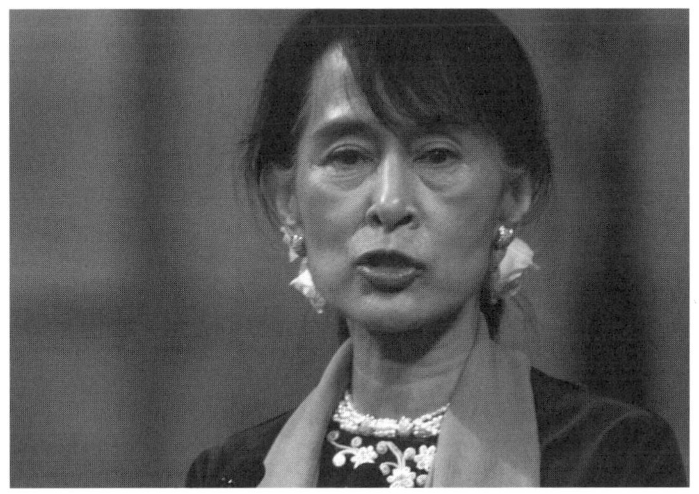

민주화를 위한 미얀마의 미래 아웅 산 수 치

이클 에어리스와 결혼해 두 아들을 키우며 살던 수 치의 운명이 바뀐 것은 미얀마로 돌아와서부티이다. 이용 신 수 치는 1988년에 운명의 해를 맞는다. 15세 때부터 30여 년 동안 외국 생활을 하면서 그녀는 학자이자 평범한 주부로서의 삶을 살아왔다. 그러나 어머니 킨 치 여사가 뇌졸중으로 쓰러진 1988년에 영국 생활을 접고 귀국해 어머니의 병간호를 했다.

그해 8월 미얀마에서는 민주화 운동이 발발했다. 당시 미얀마는 26년간 계속된 군부독재와 이에 따른 경제파탄과 인권유린으로 신음하고 있었다. 1962년 군사 쿠데타로 정권을 장악한 후 네윈은 야당을 모두 없애고 언론, 출판, 결사의 자유도 빼앗았다. 비밀경찰이나 군 정보부가 국민을 감시하기까지 했다. 미얀마 국민들의 삶의 질도 매우 낮았다. 세계은행이 '드러나지 않고 있는 비상사태silent emergency'라고 일컬을 정도였다. 이러한 상황에서 40대 중반의 수 치는 안온한 삶을 뒤로한 채 국민의 요구를 받아들여 민주화 운동에 뛰어들었다. 그것이 그녀의 운명이었다. 수 치는 1988년 8월에 첫 연설을 한 뒤로 1000번도 넘는 연설을 했다. 수 치는 연설에서 "지금의 국가적 위기는 사실상 제2의 독립투쟁이라고 할 수 있을 것입니다. 조국 버마는 우리에게 새로운 독립을 위해 다시 한 번 투쟁할 것을 요구하고 있습니다"라고 말했다. 20여 년의 세월이 지난 지금 그녀는 미얀마의 희망이자 세계 민주화의 상징이 되었다. 수 치가 군부정권에 의해 가택연금된 세월만 14년에 이른다. 내란죄로 악명 높기로 유명한 인세인 교도소에 수감되어 활동의 제약을 받아야 했다.

수 치는 민주민족동맹NLD을 창설하고 사무총장직을 맡아 투쟁을 이어 갔다. 버마에 장밋빛 희망을 심기도 했다. 1990년 5월 27일 총선이 실시되었고 485석의 의석 중 392석을 민주민족동맹이 차지하여 82%에 달하는 높은 지지율을 얻어 냈다. 특히 수 치가 가택연금된 상황에서 그녀의 초상화만을 들고 선거운동을 했다는 점을 고려한다면 압도적인 승리였다.

아웅 산 수 치가 14년간 연금되어 있던 그녀의 집. 양곤 시대 중심가 한 브럭을 차지하고 있는 이 집은 그녀가 어린 시절 가족과 함께 살던 집이고 어머니 킨 치 여사가 말년을 보낸 집이다(자료: 아웅 산 수 치 웹사이트 www.dassk.com).

마하트마 간디의 비폭력주의와 불교로부터 영향을 받은 수치는 일찍이 1990년에는 라프토 상과 사하로프 상을 받았고, 1991년 노벨 평화상을 수상했으며, 1992년에는 자와할랄 네루 상을 받기도 했다. 그녀의 '두려움으로부터의 자유'라는 제목의 연설 하나는 기억할 만하다.[8]

"부패하게 되는 이유는 권력 때문이 아니라 두려움 때문입니다. 권력을 잃는다는 두려움 때문에 권력자들은 부패하게 되고, 권력에 대한 대가를 치러야 한다는 두려움 때문에 권력의 앞잡이들이 부패하게 되는 겁니다."

수 치의 리더십은 이렇다. "민주주의란 사람들 자신이 통치하는 것이기 때문에 사람들에게만 권력이 있고, 따라서 책임이 있다"고 하면서 "가장 나쁜 정부는 민중으로부터 두려움과 혐오를 받으며 증오의 대상이 되는 정부, 그것보다 조금 나은 것은 사람들이 두려워하는 정부, 가장 좋은 정부는 사람들이 그 존재를 의식하지 않아도 되는 정부"라며 그러한 정부를 가정에서의 어머니에 비유한다. 어머니는 필요한 때에 먹을 것, 입을 것을 주지만 아무도 그러한 어머니를 특별히 의식하지 않는다. 정부 역시 어머니와 마찬가지의 역할을 해야 한다는 것이다.

또한 "버마의 민주주의는 어떤 한 사람에 의해서가 아니라 흔들리지 않는 원칙에 의해 정착되어야 한다"고 지적했다. 이러한 수 치의 생각은 권력보다는 인간을 먼저 생각하고, 그것을 중심에 두는 인간 중심의 리더십이다. 이는 여성 리더십의 근간을 보여 주는 것이다. 같은 맥락에서 수 치는 복지를 제공하고 국민의 의지를 탄압하지 않는 것이 중요하다면서 억압보다 강력한 메따loving kindness와 띠싸truth의 중요성을 강조한다고 양길현은 말한다. 따라서 민주주의란 '평온하고 개인이 존중되며 결핍과 공포로부터의 자유가 있는 생활'이라고 규정된다. 이는 인권을 존중하는 것이자 비폭력 불복종을 내세우

면서 대중성까지 지닌 수 치의 리더십을 잘 보여 주고 있는 말
이다.

 '희귀한 승리의 찬란한 집합'이라는 뜻의 이름처럼 수 치의
승리는 희귀하면서도 찬란해 2012년 9월 미국 최고의 영예인
의회 금메달을 수상하기에 이른다. 이를 계기로 미얀마 정치
범들이 석방되고 미국의 경제 무역 제재가 풀리면서 이제 겨
우 '수 치의 나라, 미얀마'는 민주의 숨을 쉬기 시작했다.

 미얀마에 아웅 산 수 치가 있다면, 이에 비견되는 여성 민주
투사로서 브라질에는 지우마 호세프Dilma Vana Rousseff가 있다.[9]
지우마 호세프는 브라질의 여성 정치인으로 룰라 정부에서 에
너지장관·정무장관을 지냈으며, 2010년 10월 브라질 역사상
최초의 여성 대통령으로 선출되었다.

 호세프는 정치적 박해를 받아 불가리아에서 브라질로 이
민 온 변호사이자 기업가인 부친과 선생님이었던 모친 아래
에서 유복한 어린 시절을 보냈다. 사회주의 사상에 심취하
여 1964년부터 군사독재 정권에 저항하는 게릴라 조직에 참
여했다. 미나스제라이스 연방대학교에서 경제학을 전공하고
1967년 브라질 사회당이 만든 노동자정파POLOP에 가입했으며,
이후 무력투쟁 게릴라 조직인 전국해방지휘본부COLINA에 참여
했다. 이때의 활동으로 1970년 8월 체포되어 엄청난 고문을

브라질 첫 여성 대통령 지우마 호세프

당했고, 1972년까지 3년간 수감생활을 했다. 당시 호세프 대통령은 상파울루와 리우데자네이루 등 여러 지역의 감옥과 취조실로 끌려다니면서 수개월간 고문을 당했다. 군사정권의 조사관들은 배를 젓는 노로 호세프의 손가락 관절 부위를 때렸고, 얼굴을 폭행했으며, 치아를 비틀기도 했다. 당시의 죄명은 소련의 사주를 받은 무장 게릴라라는 것이었다.

호세프는 출감 후 리오그란데두술 연방대학교와 캄피나스 주립대학교에서 경제학을 공부했다. 1980년대 초반 민주노동당PDT 창당을 도우면서 정치활동에 참여했다. 이후 리우그란

데두술 주의회의 민주노동당 의원들을 위한 자문 역할을 하다 1985년 포르투알레그레 시 재무국장이 되면서부터 관직 생활을 시작했고, 리우그란데두술 주 에너지국장을 역임하며 행정 경험을 쌓았다. 2001년 민주노동당을 떠나 노동당PT에 입당했고, 이듬해 대선에서 루이스 이나시우 룰라 다 실바Luiz Inácio Lula da Silva 캠프에 합류하여 에너지 정책을 입안했다. 2003년 룰라 정부가 출범하면서 에너지장관으로 발탁되었으며, 2005년 수석장관(한국의 국무총리에 해당)에 임명되어 2010년 3월까지 국정을 총괄했다. 룰라 대통령의 신임을 받으며 탄탄한 정치 이력을 쌓다가 2010년 2월 노동자당의 대선 후보로 지명되었고, 2010년 10월 제41대 브라질 대통령으로 선출됨으로써 브라질 역사상 최초의 여성 대통령이 되었다. 그녀는 과감한 정책 추진력으로 인해 '브라질의 대처' '철의 여인'이라고 불리며, 두 번의 이혼 경력을 가지고 있다.

호세프는 고질병인 빈부격차를 해소하고, 복지 시스템을 개선해서 브라질이 안정적으로 성장할 수 있도록 노력하고 있다. 또한 브라질이 중남미 경제를 주도할 수 있도록 남미공동시장인 메르코수르Mercosur: Mercado Comun del Sur를 개편하려는 정책을 추진했다. 메르코수르는 브라질, 아르헨티나, 우루과이, 파라과이 등 남미 4개국이 1991년 3월 26일 아순시온 협약을 통해 창설한 지역 경제 공동체를 일컫는다. 이들은 1995년 1월 1일부터 관세 등의 무역장벽을 철폐하여 무역 자유화를 통한 경제통합을 목표로 하고 있다. 이런 결과로 남미공동시장은 인구 2억 7000만 명, GDP 3조 3000억 달러로 미국, 중국, 독일, 일본에 이어 5번째 경제단위로 올라서게 되었다. 더불어 호세프는 과감한 금리인하 조치를 취할 것을 주장하기도 했다. 즉 기준금리를 8% 아래로 내리고 실질금리는 선진국 수준에 맞추겠다는 것이다.

호세프의 강한 리더십은 브라질 특유의 합의정치인 봐주기 정치를 타파하는 것에서 잘 드러난다. 호세프는 연립내각에서 부패 혐의가 있는 장관들을 쫓아내고 고위 공직자의 소득도 공개하겠다고 선언했다. 지난 2년간 7명의 각료가 사임했다. '고위층의 부패는 서민 빈곤의 근본 이유'라고 주장하는 호세프의 신념이 실천으로 이루어진 사례다. 비효율적인 정부부처도 축소시켜 38명의 각료를 34명으로 줄였다. 이는 룰라의 그늘에서 벗어나 호세프만의 리더십을 구축한 결과다. 게릴라 여전사 출신인 호세프는 에너지장관 재직 시절에 '불도저'라는 별명까지 얻을 정도였다. 이는 여성 투사로서의 이미지를 잘 보여 주는 리더십이다.

미래를 연 여성 리더: 로빈슨과 바첼렛[10]

미래의 가능성을 보여 주는 여성 리더들로 앞에서 제시한 리더들 외에 메리 로빈슨과 미첼 바첼렛을 들 수 있다. 이들은 공통적으로 다른 사람의 인권을 존중하고, 복지를 추구하면서 여성 리더십의 특성을 온몸으로 실천하는 인물들이다.

메리 로빈슨은 아일랜드 최초의 여성 대통령이다. 아일랜드의 명문 트리니티대학교 법학과를 수석으로 졸업하고 변호사와 교수를 거쳐 스물다섯에 상원의원에 선출되어 20여 년간 정치에 몸담았다. 여성 문제를 비롯하여 동성연애자, 장애인 등 소수자 인권 문제를 제기하고 북아일랜드 문제와 소말리아 기아 문제, 세계의 내란 분쟁 지역에 뛰어들어 정의와 평화를 구현했다. 1990년 12월 3일, 46세의 나이로 아일랜드의 제7대 대통령에 당선되었다. 취임연설에서 그녀는 "우리 이렇게 살지 말자!" "나는 아일랜드인입니다. 오세요, 나와 함께 아일랜드에서 춤을 춥시다"라고 했다.

이는 아일랜드가 자랑하는 노벨상 수상 작가 예이츠의 시 가운데 한 구절이다. 임기 중에 내전 지역인 북아일랜드를 네 차례나 방문하여 전쟁 상황을 평화로 전환시키려 했다. 그 결과 아일랜드와 영국은 북아일랜드의 평화협정을 위한 기본

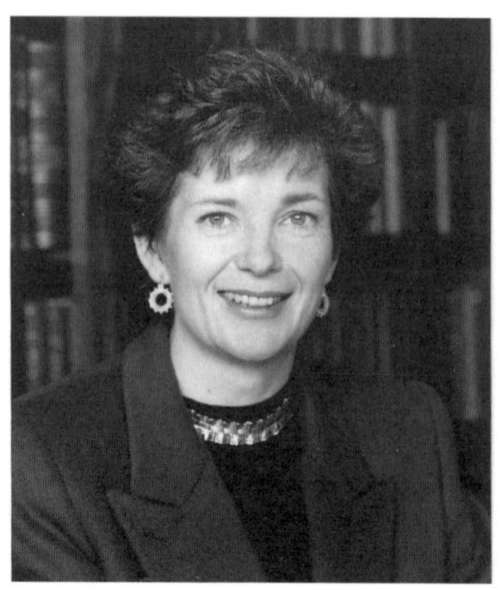

메리 로빈슨 전 아일랜드 대통령

틀을 합의했고, 외국 투자가들이 아일랜드로 몰려들었다. 아일랜드는 그 자금을 바탕으로 1994년부터 '6개년 경제발전계획'을 추진했다. 그 결과 1994년부터 2000년 사이에 90%라는 엄청난 경제성장률을 기록했다. 이로써 아일랜드는 감자만 먹던 가난한 나라에서 유럽의 가장 잘사는 나라로 도약하게 되었다.

1995년에는 이혼 합법화 법안을 통과시켰고 1996년에는 아일랜드 대통령으로서는 처음으로 영국의 엘리자베스 2세 여왕을 방문했다. 임기의 절반이 지났을 무렵 지지도가 93%에 이르렀다. 임기를 석 달 남겨 두고 유엔 인권고등판무관이 되기 위해 대통령직을 사임했고, 2004년부터 미국의 컬럼비아 대학교에서 인권에 관한 강의를 하는 등 여러 나라를 방문하면서 인권 강연을 하고 있다. '유네스코 평화상'과 '시드니 평화상'을 수상했다.

엄태석은 메리 로빈슨의 리더십을 자수성가형 정치인이라고 본다. 또한 정당활동보다는 법학자로서의 전문적 지식이 바탕이 된 사회개혁, 법률개혁 운동을 주로 했다는 점에서 전문가형 정치인이라고 했다. 또한 메리 로빈슨은 자신의 가치관과 도덕성을 국민과 공유하면서 언어와 상징성을 잘 사용한 리더다. 기성 정치가와 달리 강연과 질문에 대한 답변은 부드러우면서도 간결하고 핵심을 찔렀고, 남자 대통령 후보보다 탁월한 현실적 의제를 제시했다. 시대를 앞서 나가면서도 자신의 원칙을 버린 적이 없다. 인권 문제가 있는 곳은 강대국과 약소국을 구분하지 않고 적극적으로 비판했다.

칠레 최초의 여성 대통령인 미셸 바첼렛은 공군 장성인 알베르토 바첼렛과 인류학자인 앙헬라 헤리아 사이에 둘째로 태어났다. 대학생들의 정치단체인 '사회주의 청년단'에 가입하여 공부와 청년단 활동을 병행하고, 사회주의 청년단의 학생 지도자가 되었다. 독재자 피노체트가 무력으로 권력을 장악한 뒤 혹독한 고문을 당하고 정보국 비밀요원들에 의해 감시를

미셸 바첼렛 전 칠레 대통령

당하기도 했다. 친척과 장교들의 도움으로 호주와 동독으로 망명하고, 소아과 공부를 하면서 '국가 비상사태에 의한 피해 아동 보호단PIDEE'이라는 비정부기구의 일을 도왔다.

아윌윈 민주정부가 등장하자 바첼렛이 '피해아동 보호단체' 에서 활동한 경력을 높이 평가하여 그녀를 보건복지부 관리로 발탁했다. 범아메리카 보건기구와 세계보건기구의 자문역도 병행했다. 보건장관의 보좌역을 거쳐 보건장관이 되었을 때 주말에도 보건소를 개방시키고, 노인과 어린이들을 위해 24시 간 열린 병원을 개설하는 등 의료개혁을 실시했다. 라고스가 대통령이 된 2002년에는 국방장관이 되었다. 대다수가 가톨

릭교도인 남성 중심의 보수적인 남아메리카에서 여성이 국방 장관에 임명된 것은 바첼렛이 처음이었다.

그 후 대통령 후보가 된 뒤에는 '칠레는 당신과 함께한다'는 표어를 내걸고 좌파와 우파로 양극화되어 있는 칠레 국민들의 화합과 평등, 존중을 강조했다. 대통령이 된 뒤 한 취임연설에서 "우리는 이제 과거의 잘못을 반복하기보다는 더욱 번영하고 공정하고 평등하고 참여적인 미래를 만들어 나갈 것입니다"라고 했다.

바첼렛은 생활 능력이 없는 노인 병자들을 위한 무료 의료 보장 서비스와 사회보장제도 개혁, 연금 문제 등을 처리해 나갔다. 그녀는 다른 사람들의 후광이 아니라 오로지 혼자의 노력으로 대통령이 되었다. 칠레의 경제력은 남미에서 유일하세 2007년 6월 미국의 저명한 신용평가회사인 스탠더드앤드푸어스S&P로부터 투자등급 A로 평가받았다.

아돌프 카라피 주한 칠레 대사는 바첼렛의 리더십을 '정직'이라고 말한다. 의사였을 때 가난한 사람들과 어울리며 자신의 의술과 지식을 그들에게 바쳤고, 진실한 관계 맺기를 추구하며, 가난한 사람들과 부자들 사이의 평등을 이루는 데 열정을 쏟았다. 또한 원칙과 실천을 중시하는 '말한 것을 지키는 사람'이었다. 대처와 박근혜를 연상시킨다.

바첼렛은 대선 때 남성 리더십과 여성 리더십을 비교해서 말하기도 했다.

"아버지는 '지배적'이지만, 어머니는 '조정'을 합니다. 당신의 아내, 당신의 여자 친구, 당신의 딸, 그리고 당신의 어머니가 그것을 해내고 있습니다. 힘은 성별을 구별하지 않습니다. 정직, 신념 혹은 능력도 마찬가지입니다. 나는 다른 각도에서 사물을 보는 시각을 존중합니다. 나는 종류가 다른 지도력을 발휘할 것입니다."

국방장관일 때 칠레에 폭우가 내리자 수륙양용차를 타고 다니며 전국의 위험 피해 지역을 돌보기도 했다. 이는 '바첼렛 현상'을 창출했고 인기가 높아지는 결과를 이끌어 냈다. 칠레 출신 소설가 스까르메따Antonio Skarmeta는 "바첼렛은 국방장관으로서 여성적인 감성으로 탱크를 몰았다. … 우리는 여기서 칠레 민주주의 회복에 있어 상징적인 순간을 목격하고 있다"고 말했다.

취임식에서도 바첼렛은 헌법을 준수하겠다고 선언하는 대신 전통을 바꾸어 국민들에게 공약을 실천하겠다고 선서했고, 양성평등을 위해 첫 내각에서 남성과 여성을 각각 10명씩 20개 부처에 기용했다. 주말이면 전국을 순회하면서 직접 주민들과 대화를 나누고, 이야기를 듣는 공감의 리더십을 보여 주기도 했다.

진즉 미래를 연 여성 리더 중에는 1999년 이래 3선 집권한 뉴질랜드의 헬렌 클라크 총리가 있다. 핀란드의 국민 대통령으로 추앙받는 타르야 할로넨은 2000년 등극 이후 국가 청렴도와 국가경쟁력, 환경지수, 학력평가 등 각 부문에서 핀란드를 세계 1위에 올려놓아 지지율이 80%를 넘는다. 아프리카에서는 엘런 존슨 설리프가 32대 대통령이자 라이베리아 최초로 여성 대통령이 되었다. 2006년의 일이다. 그녀는 20년 동안의 내전을 치유하고 경제발전을 이끌어 '검은 대륙의 여걸'로 통한다. 그 외에도 심슨 밀러 자메이카 총리, 셰이크 하시나 방글라데시 총리, 루이사 디오구 모잠비크 총리, 아이슬란드의 요한나 시기르다르도디르 총리 등이 있으며, 인도 또한 대통령이 프라티바 파틸로 여성이다. 지금은 권좌에서 물러났지만 글로리아 아로요 필리핀 대통령과 메가와티 인도네시아 대통령도 있다.

과학도 여성 리더: 대처, 메르켈, 박근혜

여기서는 적극적인 추진력을 보여 주면서, 자신이 내세우는 원칙을 철저히 고수하는 인물인 대처, 메르켈, 박근혜를 소개하려 한다. 이들은 모두 전공이 이공계 쪽인 자연과학이었고, 우파주의 이념을 따르는 보수주의적 여성 리더였다는 점에서도 공통적이다. 특히 박근혜는 자연과학을 중시하면서 미래 정치의 화두는 선진화, 그중에서도 경제선진화이며 이를 위해서는 과학을 공부한 사람이 정치 지도자가 되어야 한다고 강조한 적이 있다.

먼저 세 여성 리더들은 일찍부터 두각을 나타내거나 특이한 이력을 갖고 있으며, '최초'라는 수식어를 달고 있다는 점에서 비슷하다.

마거릿 대처Margaret Hilda Thatcher[11]는 영국의 정치가로 교육·과학장관 등을 지내고 보수당 당수를 거쳐 영국 최초의 여성 총리가 되었다. 획기적인 정책 추진과 독단적인 정부 운영으로 '철의 여인'이라 불리며 3기라는 최장기 집권을 했다. 옥스퍼드대학교의 서머빌 칼리지를 졸업하고, 1951년 D. 대처와 결혼하여 쌍둥이 남매를 두었다. 1953년 변호사 자격을 취득했고, 1959년 보수당 소속으로 하원의원에 당선되었으며, 1961~64년 연금·국민보험부 정무차관, 1970~74년 교육·과학장관을 지냈다. 1975년 히스를 물리치고 영국 최초의 여성 당수로 선출되었다. 1979년 노동당의 L. J. 캘러헌 내각이 의회에서 불신임결의를 당하고 해산된 직후의 총선거에서 대처가

철의 여왕 마거릿 대처

영도하는 보수당이 승리함으로써 영국 최초의 여성 총리에 취임했다.

앙겔라 메르켈Angela Dorothea Merkel [12]은 2005년 선출된 독일의 총리로서 2000년 4월 기민당 최초의 여성 당수가 되었고, 10월에 연립정부 구성에 성공하면서 독일 총리로 선출되었다. 1954년 7월 17일 통일 독일 이전의 서독 지역인 함부르크에서 태어나, 같은 해 루터교 목사인 아버지를 따라 동독 브란덴부르크의 템플린으로 이주했다. 라이프치히대학교에서 물리학을 전공한 뒤, 물리학 박사로서 1978년부터 1989년까지 동베를린 물리화학연구소에서 일했다. 메르켈은 졸업논문에서 최

추진력의 화신 앙겔라 메르켈 독일 총리

고점을 받았고 그녀의 논문이 하버란트와 데어, 메르켈의 공동 명의 하에 미국의 전문 학회지에 게재되기도 했다. 1989년 베를린장벽이 무너질 때 동독 민주화운동단체인 민주개혁에 가입하면서 정치활동을 시작한 뒤, 짧은 시간 안에 정부 부대변인으로 발탁되었고 독일의 통일 후에는 1991년 콜Helmut Kohl 총리의 발탁으로 여성청소년부장관이 되었다. 독일 역사상 가장 어린 나이인 37세에 장관에 취임한 것이다. 이때부터 콜의 전폭적인 지원을 받아 일명 '콜의 정치적 양녀養女'로 불리기도 했다.

서강대학교에서 전자공학을 전공하고 프랑스로 유학 간

박근혜는 당시 어머니 육영수의 저격 소식을 듣고 귀국했고 22세의 나이에 '퍼스트레이디'가 되었다. 27세 때 박정희마저 중앙정보부장의 권총에 맞아 숨지자 그 후 18년 동안 영남대학교 재단이사장, 육영재단 이사장, 정수장학회 이사장으로 활동했다. 1997년 12월 한나라당에 입당하고 이듬해 치러진 재보궐선거에서 국회의원으로 당선되었다.

대처와 메르켈의 경우 최고 지도자가 되기 전부터 정책이나 연설 면에서 뛰어난 업적을 세우면서 가능성을 일찍부터 보여주고 있었다. 박근혜도 아직 최고 지도자는 아니지만 비슷한 점을 가지고 있다.

대처는 교육부 예산을 국민총소득의 4%에서 6%로 늘렸고, 초등학교에 대한 지원을 강화했으며 기술전문대학을 설립하고 의무교육 연한을 확대했다. 이는 저소득층을 위한 정책들이었다. 관리들은 대처를 '가장 훌륭한 교육부장관 가운데 한 사람'이라고 말했다. 초선 의원이었을 때에도 법안 제출자로 뽑혀 연설을 했는데, 까다로운 법안을 30분 가까이 설명하면서 원고를 단 한 번도 보지 않았고 방대한 통계수치들을 정확하게 제시했다. 연설이 끝나자 많은 의원이 박수갈채를 보냈고 다음 날 신문은 "의회에 초인적인 적성을 가진 여성 의원이 나타났다"는 말로 대처를 극찬했다.

메르켈은 장관일 때 수많은 반대에도 불구하고 처음으로 '양성평등법'을 관철시켰다. 3세 이상의 어린이들이 유치원 교육을 받을 수 있도록 법적 권리를 보장하는 것도 메르켈이 추진한 어린이와 청소년 보호법의 개정 덕분이었다. 메르켈은 이 일이 자신이 장관으로 재직하면서 수행한 가장 성공적인 일이었다고 평가한다. 1994년 환경부장관에 오른 뒤, 베를린에서 열린 유엔기후정상회의에서 2주간의 협상 끝에 온실가스 배출량 축소를 내용으로 하는 '베를린협약'을 채택함으로써 회의를 성공적으로 마무리했다. 독일기독교민주동맹CDU(기민당)이 비자금 스캔들로 곤혹을 치르던 1990년대 중반 이후부터 정치적으로 영향력을 행사하기 시작했다. 이어 1998년 총선에서 기민당이 패배하면서 기민당 최초의 여성 사무총장에 올랐다. 이듬해에는 비자금 스캔들에 휘말린 콜 전 총리의 당수직 사퇴와 정계 은퇴를 공개적으로 요구하면서 콜의 영향력에서 벗어나 정치적 독립을 이루었다.

메르켈은 "당은 혼자서 걷는 법을 배워야 하고, 앞으로는 헬무트 콜과 같은 백전노장 없이도 정치적 라이벌과의 싸움을 헤쳐 나갈 수 있음을 믿어야 한다. 당은 사춘기를 맞은 아이처럼 집으로부터 정신적인 독립을 하고 자기의 길을 가야 한다"면서 자신의 생각을 말했다. 2005년 9월 총선에서는 기민당과 기독교사회연합을 이끌어 집권 독일사회민주당SPD(사민당)에 박빙薄氷의 승리를 거두었다. 같은 해 10월에는 우파 정당인 기민당과 기독교사회연합, 좌파 성향의 사민당과 연립정부를 구성하는 데 성공하면서 독일 총리로 선출되었다. 외교 정책에서도 유럽연합순회의장직을 훌륭히 수행했고, 선진 8개국G8 정상회담을 성공적으로 이끌었다. 2006년 12월, 미국의 유력 경제잡지 《포브스》가 선정한 세계에서 가장 영향력 있는 여성 100인에서 당당히 1위를 차지했고, 이는 2012년까지 6년간 이어졌다.

박근혜[13] 역시 아직 최고 지도자는 아니지만, 선거만 하면 늘 이겨서 '상승장군常勝將軍' '선거의 여왕'이라는 별명까지 얻었다. 네 차례 재보궐선기에서 모두 압도적인 승리를 이끌었다. 연설을 할 때는 간결한 언어로 핵심만 말하는 촌철살인을 보여 주었다.

"나도 속고 국민도 속았습니다" "오만의 극치다" "나쁜 대통령" 등을 예로 들 수 있다. 그리고 한마디의 말이라도 말하기 전에 오래 고민하며, 압축적으로 말하고 입 밖에 낸 말은 지키려고 노력한다. 연설할 때도 참모들이 써 준 원고를 그대로 읽는 경우가 거의 없고, 모든 원고의 내용과 방향성을 연설문 팀에게 미리 설명한다. 원고가 완성되면 다시 수정 방안을 제시하고,

최종 원고가 손에 들어오면 마지막으로 자신이 원고를 수정한다. 연설하기 직전까지 원고를 끝없이 고치는 스타일이다.

이들 세 리더는 정책 중에서도 경제성장을 최우선으로 내세운다. 대처는 집권 후 긴축재정을 실시하여 영국의 경제부흥을 이루고 '대처리즘'이라는 용어까지 탄생시켰다. 대처는 '케인스식 사회민주적 합의의 정치'를 무너뜨리고 자본주의와 사회주의의 장점만을 가져온 혼합경제를 추구하며 '요람에서 무덤까지'로 대표되는 복지국가를 추구했다. 당시 영국은 영국병을 앓고 있었다. 영국병의 증세는 높은 실업률과 인플레이션, 바닥을 맴도는 경제성장으로 나타났지만, 가장 심각한 것은 '파업 열병'이었다. 1979년 그해 '불만의 겨울'이라고 불리는 유례없는 파업이 일어났다. 불만의 겨울이란 운수 노동자, 병원 근로자, 미화원 등 공공부문 근로자들의 장기파업이 극심한 고통과 정부에 대한 불신을 가져다준 사건을 일컫는다. 대처는 영국병의 원인을 게으른 경영을 하면서 정부에 의존하는 사용자와 반기업적이고 호전적인 형태로 국가경제 발전의 발목을 잡는 노동조합에서 찾았다. 이를 해결하기 위해 대처는 국영기업의 민영화를 통해 영국 기업에 'DIY의 정신(do-it-yourself의 약자)'이 배게 하고 이를 위해 감세, 정부지출 삭감, 저축 장려 등이 필수불가결하다고 보았다. 이러한 경제개혁을 통해 영국을 파퓰러 캐피털리즘Popular Capitalism, 즉 대중자본주의의 나라로 만드는 것이 대처의 목적이었다.

1988년 중순 영국 경제는 7년간 지속된 성장 뒤에도 여전히 4%의 성장을 기록할 수 있었다. 여기에 더 기적적인 것은 정부가 국가부문을 감축할 수 있었다는 점이다. 민영화는 두 가지 방법으로 진행되었는데 그중 하나는 국유화된 산업을 민간에게 이전하는 것이었다. 철강, 항공, 가스, 전기 등 산업이 모두 민간에게 돌아갔다. 공공부문의 적자가 감소되고, 주식 매각으로 수익이 발생하자 정부는 직접세의 세율을 낮출 수 있었다. 특히 대처의 경제적 능력을 보여 주는 단어인 대처리즘은 통화 안정을 통해 인플레이션을 치유하고, 재정지출을 삭감하고 '작은 정부'를 실현하여 자유시장경제를 활성화하며, 개인과 기업의 진취성을 이끌어 냈다. '노력해서 성공하고 향상하라'는 자조自助 가치를 추구하고 '버는 것보다 더 많이 써서는 안 된다'를 목표로 삼았다. 또한 자원이 민간부문으로 돌아가야 한다는 것을 "이 길밖에 없다There Is No Alternative"라고 일컬어 '티나TINA'라는 별명을 얻기도 했다.

대처리즘은 1980년대 세계적으로 영향을 미친다. 그 영향은 단순히 민영화와 국가부문 축소라는 새로운 유행을 넘어서는 것이었다. 유럽 전역에서 시작하여 오스트레일리아와 뉴질랜드에 이르기까지 국가가 사회주의나 환경 또는 다른 여러 이유로 기업에 까다로운 제한을 가하는 것이 더 이상 허용되지 않게 되었다. 이런 변화 속에서 생긴 새로운 용어로 '사회적 시장social market'과 '능력개발 국가enabling state'라는 것이 있었다. 전자는 빈자와 약자를 보호하기 위해 본질적인 제한을 두고 시장의 힘을 받아들인다는 의미이고, 후자는 큰 정부와 다른 개념으로서 국가는 있지만 국가가 일을 하는 것이 아니라 국민이 일을 할 수 있게 방향을 제시한다는 것이다.

메르켈도 경제 정책을 내세웠다. '자기 주식회사'에 대한 반대 개념인 '우리 주식회사, 새로운 사회적 시장경제'라는 화두를 제시하기도 했다. 이를 위해 근로자와 사용자 간의 관계를 조정하고, 사회보장제도의 재정적 기반을 갖추었다. 먼저 실업에 관련된 정책으로 50세 이상의 취업을 위해 '이니셔티브 50 plus'를 실시했다. 세금에 관련된 정책으로서 '부유세'를 걷고 2007년부터 부가가치세율을 16%에서 19%로 인상했다. 연금보험제도와 건강보험제도도 개혁하고, 2007년 1월 1일부터 출산 가족에게 기초 부모수당Elterngeld을 지급하고 육아를 위해 휴직하거나 근무시간을 단축할 경우에도 부모수당을 지급했다. 중소기업을 지원하기도 하고 도로, 철도, 내륙, 수운 등 교통 인프라를 확충하는 데 힘썼다.

박근혜 역시 산업을 중시하면서 경제 정책을 제시한다. 대통령이 되겠다고 할 때 가장 강조했던 것이 '경제성장'이었다. 2007년 2월 23일, '21세기 동서포럼'에서 한 연설에서 "저는 이제 우리 경제에 이런 구호가 필요하다고 생각합니다. 바로 '풀고, 줄이고, 세우자'입니다. 불필요한 규제는 풀고, 과도한 세금과 비대해진 정부 규모를 줄이고, 불법 시위와 파업 그만하고 법을 세우자는 것입니다"라는 '줄푸세' 정책을 제시했다. 한국 경제를 '엔진이 고장 난 자동차'라고 비유하기도 했다. 이러한 박근혜가 존경하는 정치인은 처칠이나 드골이 아니라 대처다. 국가의 역할과 기능이 확대될 것이라 말하는 대처처럼 박근혜는 신국가론新國家論을 주장한다. 신국가론은 전 산업, 전 기업, 전 국민의 1등화를 이룩해서 1등하를 위한 공동체를 성공시키는 것이다. 이는 후쿠야마의 『강한 국가의 조건』과도 통한다. 강한 국가에 맞는 국가조직은 국가마다 다르고, 강한 국가에는 그에 걸맞은 정치체제가 있다는 말에 따라 박근혜는 아버지인 박정희를 벤치마킹하고 우리나라에 맞는 신국가론을 펼치겠다는 포부를 내세운다.

이들은 원칙을 중시한다는 점에서도 비슷하다. 대처는 과감한 사유화와 노조의 와해, 교육·의료 등 공공 분야에 대한 대폭적인 국고지원 삭감 등 획기적인 정책 추진과 독단적인 정부운영 등으로 '철鐵의 여인'이라 불리게 되었다. 1975년 최초의 여성 당수가 된 대처에게 소련의 브레즈네프 정권이 붙인 별명이 '철의 여인'이었는데, 그녀 스스로는 자신을 '신념의 정치인'이라고 받아들였다. 내가 박근혜를 논할 때마다 떠오르는 인물이 대처다. 여러모로 닮은 점이 많기 때문이다. 무엇보다도 원칙주의자라는 점이 매우 닮았고 그러면서 그로 인해 현실을 무시하지 않고 되는 일, 안 되는 일, 되어서는 안 되는 일들을 가릴 줄 아는 지도자라는 점 또한 닮았다.

대처는 교육장관일 때, 무료로 제공하던 우유를 7~11세까지 유료로 제공하겠다는 결정을 내렸다. 각 지방에서는 반대 데모를 하면서 대처를 '우유 도둑'이라고 했다. 그러나 해야 할 일은 하고야 만다는 신념이 대처의 스타일이었기 때문에 그녀는 원칙대로 끝까지 밀어붙였고 얼마 후 데모도 저절로 사라지게 되었다. 또한 대처는 자기비판적이고 정확한 사람이며 논리가 정연하다. 그녀의 집중력과 기억력은 매우 특출했다. 모든 보고서에 빠짐없이 평을 하고 세부 사항에 대해서도 놀랄만한 기억력을 가지고 있었다. 그녀의 각료 다루기 역시 매우 거칠었다. "누가 이 보고서를 작성했소? 물어보나 마나 뻔하지 뭘 기대하겠어?"라며 무례한 언사를 쓰기를 다반사로 해 결속력을 다지거나 화합을 이끄는 지도자는 아니었다. 팀 플레이어도 아니었고 좋은 선장도 아니었다고 박지향은 기록한다. 실수를 변명하려고 드는 각료에게 실수가 아니라 총체적 무능이라고 할 정도로 공격적이었다. 그렇기에 그녀에 대한 국민의 반응은 극과 극이었다. 자기편이 될 수 없다고 판단하면 설득하려는 노력을 아예 포기하기도 했다. 케임브리지대학교 교수들과 BBC 방송이 그런 대상이었다. 그러나 대처는 매우 철저한 인물로 각료회의를 앞두고는 마치 시험을 치르는 학생처럼 준비를 철저히 했다.

대처는 흔히 드골과 비교된다. 드골처럼 '아니오'라고 말하는데 주저함이 없었다. 그리고 답변을 행동으로 보여 주곤 했다. 드골처럼 영국의 자존심과 자부심을 회복시켰고, 거의 똑같은 기간에 막강한 권위로 나라를 다스렸다. 그리고 드골처럼 지방정부의 근본적 개혁을 시도하다가 몰락했다. 대처는 시대에 뒤떨어지고 불공정한 지방정부의 재정확보 방식을 뜯어고치려다 실패한 것이다. 그러나 대처는 강인하고 원칙을 중시하지만 '원칙이 정치를 질식시키지 않아야 한다'고 생각했고, 실용적 감각을 가지고 있으며 양보와 타협도 아는 지도자였다. 보수주의자면서 고루하지 않고 도전할 줄 알고 행동지향적이고 급진적인 면모를 보여 주기도 했다. 현실에서 멀어지지 않았기에 평론가들은 대처를 특이한 보수주의자라고 했다. 성격이 급한 것 같으면서도 때를 기다릴 줄 아는 지도자이기도 했다. 1981년 전국광부노조와 맞섰을 때 끝까지 대결하지 않고 기다린 것은 '정치는 시점이다'라는 믿음 때문이었다. 아무리 훌륭한 아이디어가 있어도 먹혀들 여지가 없을 때 밀어붙이는 것은 현명하지 못하다는 생각을 실천에 옮겼던 것이다.

이러한 대처의 원칙을 한마디로 표현하자면 작은 정부와 감세, 법치와 엄정한 공권력의 확립, 그리고 국민을 하나로 모으는 통합이다. 대처는 자신의 리더십을 '확신의 정치'라고 했다. 집권 말기에는 제왕적 지도자의 모습을 보여 주기도 했다. 대처가 이렇게 원칙을 중시하게 된 것은 어린 시절 아버지로부터 받은 교육의 결과였다. 실익 정책을 강조한 19세기 독일의 재상 비스마르크는 원칙을 가지고 정책을 시행하는 것은 "긴 막대를 이빨로 물고 숲 속의 좁은 길을 걷는 것과 같다"고 비판했는데 대처는 이와 반대로 행했던 것이다. 채희봉 역시 대처를 원칙과 신념의 리더십 스타일로 분류한다. 대처의 리더십을 단순하고 명료한 비전 제시, 일관성 있는 신념, 명확한 메시지 전달, 결단력이라고 보는 것이다. 이러한 대처의 원칙이 영국을 확고한 시장경제 국가로 바꾸겠다는 비전을 제시하고, 광산노조 파업의 처리 문제를 파업기간 동안 강경하게 고수했고, 1980년의 보수당 회의에서 "저는 방향을 바꾸지 않을 것입니다”라는 메시지를 전달했으며, 재정지출을 억제하는 정책이나 포클랜드 전쟁에서 결단을 내리게 했다.

박근혜 역시 원칙과 신념을 중시하는 모습을 보여 주었다. 아버지가 돌아가셨을 때 제일 먼저 한 말은 “전방은요?”였고, 피습당하고 나서도 첫 당무 보고를 받으면서 “대전은요?”라고 물었다. 국민과의 약속은 꼭 지킨다는 신념 또한 대단했다. 수도이전, 탄핵, 이라크 파병, 주한미군 재배치를 국가 간의 약속이라고 생각하여 시류에 쉽게 편승하지 않았다. 원칙에 어긋나는 일이 있을 때는 절대로 타협하지 않았다. 국가보안법, 사학법 등 보수기반을 훼손하는 것에 대해 단호한 태도로 일관했다. 세종시 문제에 대해서도 원칙을 지켰고, 대통령 경선 당시 마지막 합동연설에서 지지자들이 파란 손수건을 흔들자 선거법을 위반했다며 나무라기도 했다. 박근혜의 이러한 태도 덕분에 줄 세우기 정치, 계보 정치가 사라졌고 ‘제왕적 대표’라는 말이 없어졌다. 공천권, 재정권도 이양하고 디지털 위원장, 장애인 위원장, 청년 여성 차세대 위원장까지 전부 선출한다. 대표 비서실에 특보 한 명 없었다.

결과적으로 이들은 여성 리더십을 잘 보여 주고 있는 인물들이다. 포클랜드 전쟁은 대처의 카리스마를 보여 준 사건이었다. 대처는 이 전쟁에서 자신을 ‘전사 여왕’으로 부각시켰다. 대처는 전사자 가족 하나하나에게 자필로 쓴 위로의 편지를 보내는 등 남자에게서는 볼 수 없는 부분도 보여 주었다. 박지향은 대처가 성공적인 전쟁 지도자가 될 수 있었던 것은 목표가 명백했기 때문이었다고 본다. 자신의 대의가 옳기에 반드시 승리하리라는 도덕적 확신은 경제에서와 마찬가지로 전쟁에서도 남자 정치인들과는 분명히 다른 대처의 모습을 확인해 주었다. 대처는 스스로 "나는 모든 것을 바꾸었습니다"라고 말했다. "나는 1분이라는 시간을 달리기 경주에서의 60초처럼 꽉 채우고 싶습니다"라고 말하기도 했다. 정치 외의 분야에서도 능력을 발휘하여 대처는 미국을 비롯한 세계 각국으로 강연을 다니고, 『국가경영』을 비롯한 책들을 저술하기도 했다.

메르켈은 독일 최초의 여성 총리, 동독 출신 첫 총리, 독일 최초의 과학자 출신 총리로 정치 감각과 수완이 뛰어나고 배포도 커서 일명 '독일의 마거릿 대처'로 불리는 만큼 강한 리더십을 보여 준다. 1993년 말 〈슈피겔〉지의 인터뷰에서 "저는 더 단단해져야 합니다. 그렇지 않으면 아무것도 제대로 굴러가지 않습니다"라고 말할 정도였다. 자신의 상태를 '상시적인 비상사태'로 표현하기도 했다. 이렇게 메르켈은 오랫동안 외로운 투사 이미지였지만, 지금은 지지세력을 확대하기 위해 말을 놓으면서 관계의 리더십을 지향하고 있다. 자신에게 중요하다고 생

2010년 11월 G20 정상회의 참석차 방한했던 앙겔라 메르켈 독일 총리가 이화여대
에서 박근혜 당시 한나라당 의원과 만날 때 모습

각되는 사람에게 친근한 사람의 호칭을 쓰자고 제안한 것이
다. 원내 지도부의 일원인 17명 중 12명과 현재 편한 말을 쓰면
서 지낸다. 또한 메르켈은 항상 여성의 자유로운 의지가 자기
사고의 중요한 기본 요소라고 강조했다.

박근혜는 메르켈에게도 많은 영향을 받았다. 박 후보 경선
캠프의 김종인 공동선대위원장은 "박 후보가 지난 2006년 독
일 측의 방문초청을 받은 뒤 한독협회장을 맡고 있던 나를 찾
아와 '독일 상황에 관해 설명해 달라'고 한 적이 있었다"며 "그
때 동독 출신의 메르켈이 어떻게 해서 총리가 됐는지 벤치마
킹을 하라고 한 적이 있다"는 일화를 소개했다. 그는 "전자공

학을 전공한 박 후보와 물리학을 전공한 메르켈 총리가 같은 이공계 출신 여성 정치인이란 점에서 서로 호감을 가지며 교류해 온 것으로 안다"고도 했다. 박근혜는 자서전에서도 "메르켈 총리가 추구하는 경제 정책이나 외교 정책의 노선이 내가 추구하는 것과 비슷하고, 원칙과 약속을 중요하게 생각하는 부분도 꼭 닮았다. 둘 다 보수정당의 당수라는 점, 그리고 이공계 출신이라는 점에서 마음이 잘 통하는 것 같다"고 밝혔다.

박근혜는 무엇보다 '사람'을 중시하는 관계지향적 여성 리더십을 보여 준다. 박근혜는 단국대학교 특강에서 우리나라가 발전하는 과정에서 '산업의 쌀'로 표현되는 중요한 핵심이 몇 가지 있다고 했다. 농경사회에서는 '땀'이었고, 그 다음이 자동차, 조선, 기계 등의 '철'이었으며, 그 다음이 컴퓨터와 정보통신기기의 '반도체'였고, 지금 필요한 네 번째 쌀이 바로 '사람'이라고 했다. 사회적 약자를 대하는 모습에서 감성적 리더십을 보여 주기도 하는데, 이는 국민적 공감을 이끌어 내는 데 효과적이었다.

박근혜는 육영수처럼 소록도 나환자들을 위해 다양한 활동을 했다. 한나라당이 부패정당이라는 비판을 받고 위기에 빠졌을 때는 대국민 사과성명을 내고 명동성당, 조계사, 영락교회 등을 돌면서 참회하고 연설 도중 눈물을 흘리기도 했다. 이는 국민의 마음을 움직였다. 복지를 생산과 연결시키는 '복지 선순환구조'를 주장하기도 했다. 이는 복지 정책의 핵심을 재원 마련에 두는 것이다. 이는 정책으로 제시한 복지 정책을 실제로 현실화시키려는 노력이다. 새누리당 대선후보 수락연설문에서는 국민 대통합, 부패척결과 정치개혁, 정치쇄신, 국민 행복, 한반도 평화와 동아시아 협력을 내세웠다. 여성·보육 정책과 관련해서는 '아빠의 달'과 '임신기간 근로시간 단축제' 도입을 주장했다. 산전산후휴가 3개월 중 한 달을 남편에게 '남편의 달'이라는 이름으로 출산휴가를 허용하되 임금은 100% 보장하고, 임신 초기 12주와 임신 말기 3주 이후에는 하루 2시간씩 근로시간을 단축하도록 하는 것이다.

박근혜의 리더십을 '자신自信' '공감共感' '실천實踐'이라고 진회정은 말한다. '자신'은 '나를 믿는 마음'인 동시에 '늘 스스로 새로워지려는 마음'인데, 박근혜는 최고의 자리에서 일반인으로 내려와 은둔생활을 한 18년간 마음을 다스렸다. 바른 자세와 가식 없는 마음가짐도 가지고 있다. 또한 누구를 대하든 진심을 다하기 때문에 대중에게서 공감을 얻는다. 2008년 미국산 쇠고기 파동 때는 정부를 향해 "국민의 건강과 안전이 달린 문제인데도 협상 전에 정부가 국민과 충분한 교감을 얻지 못했다"면서 일침을 날렸다. 2005년에 탄광 실태를 점검하기 위해

강원도에 갔을 때는 3300미터의 지하로 내려가 광원들이 일하는 환경을 직접 체험하기도 했다.

강준만은 『나의 정치학 사전, 그리고 강준만 생각』에서 "박근혜는 말에 군더더기가 없다. 누구나 쉽게 알아들으므로 말 바꿈의 여지도 없다. 높낮이가 없어 대중을 휘어잡지 않는다. 다만 가는 방향이 뚜렷하다. 조용히 스며드는 물과 같다. 믿음은 거기서 생긴다"고 말했다. 김선동은 박근혜를 '전형적인 섬기는 리더'라고 하면서, 구성원을 존중하는 스타일이라는 사실은 함께 일하는 사람이라면 누구나 알고 있는 것이라고 했다. 그리고 박근혜는 절대 권한의 2인자를 두지 않으며, 계보를 만들지 않는 대신 스터디를 위해 전문가들을 만난다. 박근혜는 스스로 리더십을 나침반, 종교, 접착제에 비유한다. 사람들이 나침반이 없어 어디로 가는지 모르고, 종교가 없어 스스로 믿고 따르지 않고, 접착제가 없어 사람들을 뭉치게 하지 못하고 흩어지게 하면 리더십이라고 할 수 없기 때문이다.

김양희는 여성 리더십이 지니는 강점으로 더 민주적이고 참여적이며, 위기 돌파나 국면 전환이 필요한 시점에서는 여성이 책임자가 되어 극복하는 것이 효과적이라고 했다. 메르켈이 기민당 당수로 부상하게 된 계기가 기민당의 대부 헬무트 콜로 인해 불거진 정당대부금 스캔들로 인해서였고, 한나라당이 차

떼기정당이라는 비난을 받을 때 박근혜가 구원투수를 자임함
으로써 한나라당을 구한 것이 대표적이다. 또한 여성들은 국
정을 맡으면 열정적으로 임하기 때문에 대처와 메르켈처럼 치
적이 높게 된다. 이들이 내세우는 리더십 역시 분리와 대립보
다는 소통과 공감, 갈등과 경쟁보다는 조화와 협력, 권위와 명
령보다는 평등과 설득, 강압과 위기조정보다는 평화와 안정이
라고 할 수 있다.

리더의
이미지와 표현력

리더는 숙명적으로 '나'를 알려야 한다. 대개는 정책으로 관심을 모은다. 그러나 정책 내용만 좋다고 표가 저절로 오지는 않는다. 표현력이 남달라야 사람을 끈다. 표현력의 첫째는 이미지다. 인상이 좋아야 한다. 표현은 보통 언어나 비언어로 한다. 말로 자신을 잘 표현하고 소리나 몸짓 등 비언어로 상대의 마음을 파고들어야 한다. 뿐만 아니라 가만히 있어도 끌리는 사람이 있고 정반대인 사람이 있다. 대개는 모습이 우아하면 끌린다. 메르켈은 카리스마가 있으면서도 가까이 다가갈 수 있는 인상이다. 박근혜는 조용해 보이지만 결단력이 있는 듯 보인다. 위엄이 있어도 그렇게 된다.

대선 후보 TV 토론의 효시는 미국 케네디와 닉슨의 토론이다. 1960년대 이야기이지만, 당시 케네디는 검은 옷, 스타일리시한 머리 모양, 캘리포니아에서 태닝한 섹시한 얼굴색 등으로 젊고 박력 있게 보였다. 나이까지 많았던 닉슨은 회색 양복에 특색 없는 음성 탓에 인기를 끌지 못했다. TV 토론 후 선거판이 뒤집힌 건 물론이다.

언어로 하는 의사소통은 내용을 언어로 전하고, 비언어적 의사소통은 강세·어조·억양 등 반언어적인 특성을 포함해 몸짓이나 표정으로 화자의 태도를 보이는 메타메시지meta-message를 전달한다. 비언어에는 대표적으로 몸짓과 목소리가 있다. 몸짓과 목소리는 교양을 나타내는 척도이기도 하다. 몸짓이나 목소리를 들으면 교양 수준을 알 수 있고 직업도 어느 정도 추측할 수 있다. 연설을 듣는 사람들 중 내용을 기억하는 사람은 7%에 불과하지만, 목소리를 기억하는 사람은 38%이고, 나머지 55%는 몸짓 등 비언어를 기억한다고 한다.

몸짓에는 얼굴표정, 손짓, 걸음걸이 등이 포함된다. 전 애플의 CEO 고 스티브 잡스는 엄지와 검지로 동그란 원을 그리며 말하는데, 이는 보통 OK 사인을 뜻하지만 동시에 정확히 사고하고 철저히 계산한다는 뜻을 담고 있다. 미국의 유명 MC 오프라 윈프리의 깍지 낀 손은 강한 자신감을 나타낸다. 러시아 대통령 푸틴은 한 손은 바지 주머니에 넣은 듯 고정시키고 다른 한 팔을 힘차게 저으며 걷는 특징이 있다. 연설하는 정치 지도자의 손짓을 보면 안정된 모습인지 흥분한 상태인지 금방 알 수 있다. 연단podium에 똑바로 서서 연설하는 사람이 있고 무대 공간을 십분 활용해 움직이면서 연설하는 사람도 있다. 어떤 방식이 설득력을 더할 수 있는지는 내용과 상황에 따라 다르다.

정치인의 넥타이와 스카프 색에 담긴 뜻

색깔이 이미지를 좌우하기도 한다. 늘 빨간색 넥타이를 매는 정치인 홍준표는 자극적이고, 용기와 애국심을 고취시키지만, 변화가 없어 따분한 인상을 준다. 국회의원 중에서 옷이나 구두가 제일 멋진 이는 민주통합당 이낙연 의원이다. 1990년대 후반부터 연초록색 넥타이를 매는 정치인이 늘어났는데, 신선미와 평화로움, 그리고 활기찬 이미지를 주기 때문이다. 미국 대통령은 파란색 넥타이를 즐겨 맨다. 차갑고 정의로워 보이기 때문이다. 오렌지색 넥타이는 건강해 보인다. 보라색은 잘만 매면 풍족하고 당당하며 정열적인 느낌을 주며 승리를 상징한다.

여성은 화려한 스카프로 눈길을 끌 수 있는 '특권'을 갖고 있는데, 박근혜 새누리당 의원은 거의 하지 않는다. 게다가 여성스러움과는 거리가 먼 색깔의 옷을 입는데 늘 상의 옷깃 뒤를 올려 전투적인 인상마저 풍긴다. 힐러리 클린턴이나 울 브라이트 전 미국 국무장관은 정장에 목걸이나 이어링은 잘해도 스카프는 잘 두르지 않는다. 한국의 여성 국회의원들도 대부분 정장 차림이고 화려한 색깔의 옷은 잘 입지 않는다.

대통령은 권위를 상징하는 짙은 색 정장을 입는 경우가 많다. 의식儀式에 알맞은 색깔이기 때문이다. 노태우 전 대통령은 가끔 밝은색 옷을 입었다. 윤보선 전 대통령은 더블 브레스트 정장을 입고 항상 두 손을 윗옷 주머니에 넣은 채 연설했다. 과거 민주당 여성 지도자의 표상 박순천 여사는 늘 흰 저고리에 검정색 7부 치마를 입고 유세했다. 박정희 전 대통령은 줄곧 짙은 색안경을 써서 국민이 거리감을 느꼈다. 그때만 해도 거리에 색안경을 끼고 다니는 사람이 적어 정보기관 사람 같은 인상을 지우지 못했다. 이승만 전 대통령은 노인이기도 했지만 연설 때 장음으로 말하는 습관이 있었다. 그의 목소리는 백성을 어여삐 여기는 연민의 정에 젖어 있었다. 노무현 전 대통령은 머리를 약간 흔들며 걷는 모습이 안정과 거리가 있어 보였다. 김대중 전 대통령은 장관들에게 밝은색 넥타이를 매게 했다. 국민에게 편하고 긍정적인 이미지로 비치게 하려 한 듯싶다.

그러나 유럽에서는 정장을 입을 때 줄무늬 있는 넥타이를 매는 게 원칙이다. 그리고 공식 예식에서는 모닝코트나 턱시도를 덧입고 보타이를 매야 한다. 우리나라에서는 김영삼 전 대통령 때부터 이런 공식 예복을 없앴다. 엄격하고 장중한 의식에서는 의복부터 달라야 하는데 너무 가볍게 생각했던 듯싶다. 김영삼 정부 전까지는 장관이 임명되면 가장 먼저 찾아오는 사람이 양복점 주인이었다. 턱시도부터 맞췄기 때문이다. 일본은 이런 면에서 아직도 다분히 영국식이다.

이미지는 대상을 명확하고 확고하게 만들며 오랫동안 기억할 수 있게 해 준다. 이때 추상보다는 구상이 좋다. 미국 시인 에즈라 파운드는 '어렴풋한 평화의 땅' 같은 표현을 기피해야 할 추상화 같은 시라고 하면서, 셰익스피어의 표현인 '가랑잎 빛깔의 외투를 걸친 새벽'을 칭찬했다. 이미지가 명확하다. 소설가 박범신은 『비즈니스』에서 "가을 햇빛을 받은 바다는 옥양목처럼 희었다"라고 했다. 최인호의 소설 『낯익은 타인들의 도시』에는 "커튼 사이로 밝은 햇볕이 칼로 벤 상처에서 나오는 선혈처럼 스며들고 있었다"라는 대목이 있다. 음악을 해방이라고 말한 작가 밀란 쿤데라는 『참을 수 없는 존재의 가벼움』에서 "프란츠에게 음악은 도취를 위해 창안된 디오니소스적 아름다움에 가장 근접한 예술"이라고 했다.

대한민국 역대 대통령의 이미지

나는 박정희 전 대통령에게서 단정적인 이미지clean-cut image 를 본다. 장면 전 총리, 김영삼 전 대통령 등은 건전하고 긍정적인 이미지sound & positive image를 지녔다고 할 수 있다. 노무현 전 대통령은 대중적인 이미지public image 쪽에 속한다. 전직 대통령이나 대권주자 중에 부정적인 이미지negative image나 손상된 이미지tarnished image를 지닌 인물은 보기 드물다.

이승만 전 대통령은 건국 대통령으로서 국부國父라는 인식 그대로 아버지 같은 인상을 풍겼다. 정확히 표현하면 아버지보다는 할아버지라고 해야 옳다. 대통령 취임 때 74세였으니……. 그리고 늘 백성을 '어여삐' 여기고 걱정스러워 하는 언사라 웃어른 같은 인상이 짙었다. 한복 차림이 잘 어울려 일본으로부터 독립한 조선의 정체성을 유별나게 강조하는 듯도 했다. 그는 철학박사이고 독실한 기독교 신자로 세상에 대한 이해가 남달랐다. 동시에 국제적인 인물로 손색이 없어 우리나라의 다른 대통령과 품격 면에서 크게 차별화된다.

윤보선 전 대통령과 장면 전 총리는 러시아의 레닌처럼 정치를 하지 않았으면 학자가 될 수 있었을 것 같은 인상을 풍긴다. 온화하고 고매하다. 말쑥하게 차려입은 신사복도 잘 어울렸다. 그 시대에 외국에서 공부했을 정도로 세계에 눈을 뜬 인물들이다. 다만 민주당이 구파와 신파로 갈려 극단적인 권력투쟁을 하다가 '9개월 정권'으로 끝난 것 때문에 권력욕을 다스리지 못하고 화합과 거리가 먼 인물이라는 인상을 남긴다.

박정희 전 대통령은 깡마른 얼굴에 체구까지 작아 덕스러운 점과는 거리가 멀어 보인다. 인상은 매우 강하다. 5·16군사혁명과 억압정치 때문에 호감 가는 인상은 아니다. 다만 '조국 근대화'를 앞당긴 공헌이 커 역대 대통령 중 가장 높이 평가받는 인물이 되긴 했다. 국정운영에 추호의 틈이 없었고, 무엇보다 현장을 중시해 문서나 말로 하는 보고 내용을 반드시 눈으로 확인힌 점도 그린 이미지가 생기는 데 힌몫했다.

최규하 전 대통령은 오랜 관료생활 때문에 규격품 같은 인상을 풍기지만 중후한 외교관의 위엄이 있다. 그러나 작은 일까지 시시콜콜 관여한다고 해서 '주사'라는 별명까지 얻었으니 폭넓은 리더십을 발휘했다고 보긴 어렵다. 큰 키로 상대를 압도할 수 있는 외모임에도 소심하다는 평이 있어 신뢰를 얻는 데 불리했다. 그럼에도 모든 경험을 일일이 체계적으로 기록한 점은 높이 평가할 만하다.

전두환과 노태우 두 전 대통령은 오랜 군사독재에 시달린 국민이 군부통치를 더 이상 받아들이기 어려운 상황에 등장해 정통성에서 낙제 점수를 받았다. 더욱이 집권 초기에 닥친 5·18광주민주화운동을 무참히 짓밟아 국민에게 '탄압' 이미지를 각인시켰다. 퇴임 후에도 정치자금 문제로 복역해 수치스러운 인상만 남겼다. 다만 노태우 전 대통령은 문학을 좋아하는 성품 그대로 온화한 인상을 풍기는 면이 있다.

김영삼 전 대통령은 넓은 이마와 맑은 안색이 귀공자처럼 훤한 인상을 주지만 눌변과 강한 경남 사투리에 발음까지 부정확해 희화화된 일이 많아 신뢰를 주지 못했다. 대화를 하는 중에도 한 가지 과제에 집중하지 못했다. 그러나 정책에서 일제 잔재를 없애고 금융실명제를 밀어붙이는 등 강단 있는 리더십을 발휘했다.

김대중 전 대통령은 오랜 옥중생활에서 얻은 독서 경험으로 지적인 인상을 풍기고 세심했다. 그러면서도 민주화 투쟁을 벌여 강한 인상을 풍기기도 한다. IMF 외환위기를 비교적 빠른 시일에 극복하고 평등지향적인 정책으로 국민에 가까이 다가가려는 노력을 한 것으로 기록된다. 정치 테러 때문에 다리를 절게 됐는데 불편한 거동이 연민의 정을 불러일으키기도 했다.

노무현 전 대통령은 깊이 생각해 말하는 듯하지만 어투가 매우 불편하고, 때로는 직설적이라 반감을 샀다. 머리를 건들거리면서 걷는 자세 때문에 말할 때도 불안했다. 지배계급을 바꾸려는 정책을 내세워 보수세력과 마찰이 끊이지 않았다. 또 시정에서나 쓸 거친 말을 서슴지 않아 존경의 대상에서 멀어질 때가 있었지만, 신념이 확고하다는 인상을 풍겼다.

이명박 대통령은 지적인 인상과는 거리가 멀다. 사업가의 인상을 버리지 못했다. 추진력 강한 인상을 풍기기는 하지만 4대강 공사처럼 추진하는 정책마다 심한 반발에 직면하고 실패를 거듭해 국민과 거리가 먼 인물이 됐다.

최근 대권주자로 불리는 후보 중 박근혜 새누리당 의원은 여성이기에 온화한 인상을 풍기지만 단호한 면모를 보인다. 대화에 인색해 소통이 어렵다는 소문이 무성하다. 그러나 사람관계가 엄격할 듯하여 인사 문제에서 큰 잘못을 할 것 같지는 않아 보인다. 반듯한 외모와 행동 때문에 선생님 같은 인상도 풍긴다. 좀 더 환히 웃고 유권자에게 더 다가가 국민을 보살피는 인상을 보여야 할 것이다. 안철수 서울대학교 융합과학기술대학원장은 건강해 보여 반감은 사지 않는 인상이다. 그러나 정책을 밀고 나갈 능력이 얼마나 있는지 미지수여서 신뢰감과는 거리가 있다. 문재인 민주통합당 의원 역시 경력이나 성품과는 달리 국민에게 다가가는 인상은 아니다. 경상도 억양의 늘변 역시 플러스가 되지 않는다. 손학규 민주통합당 상임고 문은 지적이면서 국제정치의 흐름을 아는 행동지향적인 인상 을 풍긴다.

유머, 이미지의 완성

정치인이 이미지를 좋게 하는 데는 유머가 필수다. 미래학자 대니얼 핑크는 "21세기에는 유머가 진정한 파워"라고 했다. 유 머는 사람과 사람 사이의 심리적인 거리를 줄이기 때문이다. 외국 리더들은 연설에 앞서 반드시 유머를 곁들인다.

유머를 잘 구사한 지도자로 링컨 전 미국 대통령을 꼽는다. 그는 한 야당 의원이 "두 얼굴을 지닌 이중인격자"라고 하자 "내가 얼굴을 두 개 가지고 있다면 하필 왜 이 못생긴 얼굴을 갖고 나왔겠느냐"라고 했다. 레이건 전 미국 대통령에 관한 유 머도 많다. 한 기자가 그에게 "B1 폭격기에 예산을 너무 많이 쓴 거 아닙니까?"라고 추궁하자 보좌관을 향해 "비타민$_{B1}$ 사 는 데 돈을 그렇게 많이 쓰나? 그러면 안 돼" 하며 너스레를 떨 었다. 그는 저격범 존 힝클리의 총에 맞았을 때도 "내가 예전처 럼 영화배우였으면 잘 피할 수 있었을 텐데"라는 유머를 구사 했고, 이 한마디로 레이건의 지지율은 83%까지 올랐다. 케네디 전 대통령도 유머에 능했다. 그가 43세의 나이로 대통령에 입후보했을 때 상대 닉슨이 '경험 없는 애송이'라며 깎아내리자 연설에서 "이번 주의 빅뉴스는 국제문제나 정치문제가 아니라 야구왕 테드 윌리엄스가 나이 때문에 은퇴하기로 했다는 소식입니다. 이것은 무슨 일이든 경험만으로는 충분하지 않다는 것을 입증하는 것입니다"라는 조크를 던져 전세를 뒤집었다.

오바마 대통령은 지적이고 신중한 이미지를 갖고 있다. 문제가 생겼을 때 다른 사람을 지적하기 전에 스스로 '내가 망쳤다I screwed up'고 할 정도다. 그러나 이런 오바마도 유머는 빼놓지 않는다. "대통령이 되면 10월을 '버락토버BARACK-TOBER(10월을 의미하는 영어단어 옥토버와 자신의 이름 버락을 합친 말)'로 부르겠다"고 하기두 했고, 자신이 미들네임인 '후세인'을 문제 삼는 이들에게 "제 이름을 지어 주신 분은 아버지입니다. 아버지는 아들이 대통령 후보로 출마할 것을 생각하지 못했나 봅니다"라고 말하기도 했다.

미국 대통령은 유머나 조크의 대상이 되기도 한다. CBS의 앵커 데이비드 레터맨은 "빌 클린턴은 항상 조깅을 하는데도 살은 왜 안 빠지며, 매일 햄버거를 먹는데도 왜 정부지출이 줄어들지 않는지 모르겠다"는 유머로 현실을 꼬집었다. 클린턴은 1997년 한 해 동안 3대 토크쇼에서 810번이나 조크 대상이 됐다. 조지 W. 부시 대통령은 'ready-made joke'라고 불렀다. 물만 부으면 먹을 수 있는 컵라면처럼 '준비된 웃음거리'였다는 뜻이다. 초등학교를 방문해 책을 거꾸로 들고 있던 사진처럼 부시는 유머러스한 모습을 자주 보였다. 정치인이 유머의 대상이 된다고 해서 손해만 보는 건 아니다. 리더는 어떤 형태로라도 대중의 기억에 남아야 하기 때문이다.

'유머'라는 단어는 '물속에서처럼 유동적이다'를 뜻하는 라틴어 'umere'에서 유래했다. 이는 유머가 상황을 유연하게 만든다는 것을 의미한다. 진정한 리더라면 유머에 대해서도 유연한 반응을 보여야 할 것이다. 또 긍정적인 유머로 살을 덧붙여야지, 부정적인 유머로 제 살을 깎아내려서는 안 된다.

설득력 넘치는 화법

이회창 전 자유선진당 대표는 고등학교 때 웅변반원이었다. 당시에는 큰 목소리로 사자후를 토해 내야 멋진 연설로 평가받았다. 연단의 책상을 쾅 내리치며 청중에게 호소하는 것이 정석처럼 여겨졌다. 그는 정치인이 된 뒤 군중이 많이 모인 대중연설에서 이런 습관을 보였다. 그러나 큰 목소리로 언성을 높여야만 상대방을 설득할 수 있는 것은 아니다. "권력자들이 거머리처럼 국민의 정강이에 달라붙어 있다”라고 했던 1957년 신익희 대선 후보의 한강 백사장 연설은 차분하지만 폐부를 찔렀다.

케네디는 강한 어조로 위해 단어 하나하나를 끊어서 발음하는 습관이 있었다. 빌 클린턴은 연설문 작성자가 써 준 단어나 문장보다 훨씬 적절하고 세련된 문장을 구사할 정도로 연설의 달인이었다. “미국에 정의로 치료할 수 없는 문제는 없습니다”라는 그의 문장은 강렬한 느낌을 준다. 루스벨트의 “우리가 두려워해야 할 유일한 것은 두려움 그 자체뿐입니다”라는 연설도 듣는 이를 고무시킨다. 조지 W. 부시도 취임사에서 “어떤 사람은 리더십을 연극이나 트럼펫 소리처럼 보이고 들리는 무언가로 생각합니다. 그리고 실제로 가끔은 그럴 때도 있습니다. 하지만 나는 역사를 수많은 페이지로 구성된 한 권의 책이라고 생각합니다. 우리는 매일 희망적이고 의미 있는 행동으로 책을 한 페이지씩 채워 나갈 것입니다”라고 했다.

케네디의 연설은 또 어떤가.

“여러분은 이 역사적 과업에 참여하지 않겠습니까? 장구한 세계사에서 불과 몇 세대만이 매우 위험한 시기에 직면해 자유를 수호하는 역할을 할 수 있었습니다. 저는 이 책임에서 물러서지 않겠으며 오히려 이를 기꺼이 받아들이겠습니다. 어느 누구도 다른 사람 혹은 다른 세대와 이 자리를 바꾸려고 하지 않을 것이라고 믿습니다. 우리가 이 과업에 기울일 정력과 신념, 그리고 공헌이 우리나라와 이에 봉사하는 모든 사람의 앞날을 밝혀 줄 것이며, 이 불길이 전 세계를 비춰 줄 수 있습니다. 국민 여러분! 그러기에 나라가 여러분에게 무엇을 줄 것인가를 묻지 말고, 여러분이 나라를 위해 무슨 일을 할 수 있는가를 묻기 바랍니다.”

그가 1961년 대통령 취임식에서 한 이 연설은 반세기가 지난 지금도 명연설로 인구에 회자된다.

연설이 중요한 만큼 연설에 대한 평가도 다양하다. 미국 영화협회장을 지낸 잭 발렌티는 『말 잘하면 대통령도 될 수 있다』라는 책에서 역대 미국 대통령의 연설을 평가했다.[14] 우아하고 음악적인 목소리의 소유자 루스벨트는 탁월한 단어 조합으로 강한 설득력을 발휘해 ‘A⁺’를 받았다. 도회적인 이미지의 케네디, 품위 있는 어조와 제스처를 구사한 레이건, 훤칠한 외모로 청중의 긴장을 푸는 클린턴 전 대통령 등은 ‘A’다. 연설하는 목소리가 두드러지지 않고 단조로운 억양의 아이젠하워는 ‘B’, 차돌처럼 차고 딱딱한 비음의 트루먼은 ‘C⁻’에 그쳤다. 답답한 훈계와 어색한 풍자로 ‘잘난 척한다’는 평가를 들은 닉슨은 ‘D’밖에 받지 못했다.

우리나라 대통령 중에는 연설로 A를 받을 인물이 드물다. 노태우 전 대통령은 연설에 대한 집념이 강했다. 대개 정상들은 외국에 나가면 모국어로 연설하는데 그는 영어로 연설했다. 한번은 연설 원고 두 장이 한꺼번에 넘어갔지만 조금도 당황하지 않고 원고 없이 원문 그대로 연설했다. 잠자리에 누워서도 헤드셋을 끼고 원고를 외울 정도로 반복해서 들었기 때문이다.

마음을 움직이는 연설

'스피치 메이킹'이라는 말이 있다. 연설 잘하기라는 뜻이다. 명연설의 법칙은, 첫째 밑에 신심信心을 남아야 하고, 둘째 간결한 단문을 써야 하며, 셋째 복식호흡을 해서 목소리에 공명을 일으킬 수 있어야 한다는 것이다. 두성(두골을 울려서 내는 소리)을 내는 것이 좋다. 목소리에 감정을 담아야 함은 물론이다. 소리는 호흡이 좌우한다. 미국 하버드대학교의 실험에 따르면 청중의 80% 이상이 말하는 사람의 음성만으로 그의 신체적·성격적 특성을 구별한다.

이어서 넷째 조건은 제스처를 적절히 사용하고 말의 장단을 잘 맞춰야 한다는 것이다. 다섯째, 스피치를 마무리할 때 의미 있는 내용을 강한 어조로 하되 여운을 남기는 것이다. "세상이 움직이는 순간, 그곳에 연설이 있다"는 말처럼 연설은 사람의 마음을 움직이고, 세상을 움직이는 힘이 된다. 또 연설 속에 캐치프레이즈를 담아 그것으로 승부를 걸어야 한다. 시공을 뛰어넘어 깊은 울림을 주는 위대한 연설에는 강력한 표어, 캐치프레이즈가 담겨 있다.

"나에게는 꿈이 있습니다."

"자유가 아니면 죽음을 달라."

"다른 사람의 인생을 사느라 시간을 허비하지 마십시오."

"안녕, 나의 동지들이여, 그대들 모두를 내 품에 꼭 껴안을 수 있다면."

"어디에든 억압이 존재하는 한, 우리는 높이 날 수 없습니다."

이와 같은 표현은 한 인물의 사상의 정수이며, 시대를 엿볼 수 있다.

유권자의 마음에 크게 각인되고 또 이들 마음을 움직이는 것은 말 한마디다. '못살겠다. 갈아보자.' 자유당 때 야당이 내놓았던 구호다. '북진통일' '일전을 불사한다'는 이승만이 즐겨 쓴 수사다. 이번 대선에서 박근혜 새누리당 의원은 '내 꿈이 이루어지는 나라', 손학규 민주통합당 상임고문은 '저녁이 있는 삶', 문재인 고문은 '공정사회' 등을 내세우고 있다. 좀 더 호소력을 높였으면 한다.

연설의 바탕이 되는 연설문은 글이다. 결국 좋은 연설의 근간은 문장력이다. 좋은 문장에서 좋은 연설이 나오고, 오래 기억되는 연설 역시 좋은 문장을 바탕으로 한다. 연설문을 전담하는 참모가 대신 써 주는 경우도 많지만 리더 자신도 문장력이 빼어나야 한다. 클린턴 대통령의 명문은 널리 알려져 있다. 글도 잘 쓰고 연설도 잘하던 리더 중에는 노벨 문학상을 받을 정도로 글 솜씨가 뛰어났던 윈스턴 처칠 전 영국 총리가 있다.

박정희 전 대통령은 취임사에서 대조법을 써 개개의 문장을 강조하는 효과를 냈다. "난관 극복의 길은 난관 자체에 있는 것이 아니라, 바로 우리 자신의 의시 속에 있는 것입니다. 불굴의 의지와 용기로써 조국의 근대화를 향해 위대한 전진의 발걸음을 재촉해야 하겠습니다"라는 문장에서 의지의 중요성을 반복해 맹목적으로 주장하는 것보다 설득력이 있다. 김영삼 전 대통령은 취임사에서 나열과 대구를 사용해 완성도 있는 문장을 구사했다.

"지난날 우리는 계층으로 찢기고, 지역으로 대립되고, 세대로 갈라지고, 이념으로 분열되었습니다. 우리 안에 있는 벽은 허물어야 합니다. 한은 풀어야만 합니다. 우리 사회에는 그늘

속에 살아온 사람이 너무 많습니다. … 먼저 우리 공동체 전체를 생각합시다." 유사어를 짝을 맞춰 잘 배열했다. 뒤의 문장에서도 벽은 허물고, 한은 풀어야 한다면서 대구를 잘 사용했다.

논리를 이기는 인격

김대중 전 대통령은 1988년 제142회 임시국회 대표연설에서 감성에 호소하는 문장을 사용했다.

"저의 정치참여 목적은 오직 국민에게 충성을 다하면서 사는 데 있습니다. 무엇이 되는 것이 목적이 아닙니다. 어떻게 값있게 사느냐가 목적입니다. 그렇기 때문에 저는 수많은 죽음의 고비에서도 국민을 배신할 수 없었습니다. … 사랑하는 우리 국민이 자유가 만발하고 정의가 넘쳐흐르며, 통일에의 희망이 솟아오르는 그러한 민주 사회에서 살아가는 것을 볼 수 있다면, 저는 저의 모든 것을 희생해도 아깝지 않습니다."

편지를 쓰는 것처럼 친화력 있는 문장을 구사했다.

문제는 이런 유려한 레토릭이 현재화하지 않고 허상으로 끝난다는 데 있다. 대통령이 어떤 약속을 하고 어떤 노력을 기울여도 나라의 문제는 복잡하게 꼬이고 더 늘어난다.

설득의 방법에 말만 있는 것은 아니다. 말하지 않고 눈빛만으로도 상대와 소통할 수 있다. 가벼운 제스처로도 신뢰를 줄 수 있다. 아리스토텔레스는 논리적인 설득 방법logos, 감성적인 설득 방법pathos, 인격적인 설득 방법ethos 가운데 인격적인 설득 방법을 강조했다. 인격에서 우러나오는 진실한 눈빛, 정제된 몸짓 하나가 백 마디 말보다 효과적일 수 있다. 박근혜에게 소통이 부족하다고 비판할 필요가 없는 이유이기도 하다.

핵심은 역시 소통이다. 상대방이 알아듣고 공감할 때 이미지를 비롯한 모든 것이 빛난다. 이미지는 그 인물을 말해 주고, 쉽게 이슈가 되며, 뻗어 나가면 정당성으로까지 자리매김한다. 이렇게 이미지는 총체적이다. 그러나 이미지만으로는 인기를 유지할 수 없다. 내면과 일치하거나 원활한 소통이라는 내외의 조건이 맞아야 상승효과가 난다.

소통하기 위해 나를 타인에게 알리는 것은 아상我相이 아니라 진아眞我다. 화려하게 치장된 외면으로 나를 돋보이게 하는 것이 먼저가 아니라, 나에게서 비롯된 진실을 먼저 전달하는 것이 순서다. 알아주기만 바라지 말고 '우리' 안에 포함된 '나'를 함께 알아가고자 할 때 소통은 시작된다. 너도나도 나서서 홍보로 장난치며 알아 달라고 아우성치는 '이미지 메이킹'을 넘어 품위와 인격에 걸맞은 이미지를 스스로 창출할 수 있는

리더라야 진정 끌린다. 내 말만 하는 지식인보다 남의 말을 듣
는 지혜인이 되어 내일을 내다보는 '끌리는 리더'가 우리의 리
더다.

5
CHAPTER

리더의
빼어난 감각

리더를 하려면 지식이 중요할까, 감각이 중요할까? 어느 하나 놓칠 수는 없다. 감각이 지식보다 더 힘이 될 때가 있다. 감각은 남성보다 여성이 더 예민하다는 것은 다 안다. 우리나라 리더들은 보통 감각이 둔한 편이다. 대통령이 배우처럼 연기(역할수행)를 잘한다면 명리더라고 할 수 있을까? 리더와 배우는 다른 직업이라고 생각하겠지만 반드시 그렇지는 않다. 오히려 리더더러 배우여야 한다는 주문이 있다. '리더는 배우다'라고 한다면 사람들은 통상 그렇지 않다는 반응을 보인다. 배우는 더 멋지고 캐릭터도 분명하기 때문이다.

그러나 배우가 리어 왕 역도 했다가 맥베스 연기도 하듯이 정치 리더도 장관을 했다가 국회의원도 하고 협회장도 하고, 여러 역할을 수행한다. 배우가 무대에서 관객과 한 몸으로 호흡을 맞출 때 명배우가 되듯이 리더도 그래야 국민이 박수를 친다. 한마디로 두 직업 모두 예외 없이 역할인지role perception를 제대로 하고 역할수행role performance도 잘해야 한다. 그러나 많은 리더가 자신이 배우여야 한다는 의미를 이해하지 못한다.

청와대에 입성한 대통령은 통상 국민이 뽑는 지난한 과정을 거쳤으니 내가 권력을 누릴 권한이 당연히 있다고 생각한다. 그러나 그것은 역할인지를 제대로 하지 못한 것이다. 21세기 리더십은 무대 위와 무대 아래를 구분하지 않는다. 동시에 무대 앞과 무대 뒤도 구분하지 않는다. 다시 말해 배우가 반드시 무대 위에 있어야 한다고 생각하지 않는다. 무대 뒤에서 고생하는 스태프 역시 무대 위의 배우와 다름없이 중요하다.

서울대학교 리더십센터가 2011년 11월 뮤지컬 〈대통령이 사라졌다〉를 공연할 때 두레 문예관에서 배우들은 바닥에서 공연을 하고 관중은 이동식 목조 스탠드에 앉아서 관람하게 한 것 역시 무대 위의 주역과 무대 아래 관객이 바뀔 수 있다는 함의를 보여 준 것이다. 큰 나라 대통령은 의전 절차가 까다로워 만나기 힘들지만 내가 2000년 코스타리카를 방문했을 때 대통령 궁에 가서도 너무 쉽게 안으로 들어갈 수 있었다. 노벨평화상을 탄 아리아스 전임 대통령을 사저 서재에서 만났을 때도 농담하며 장난하듯이 하는 여유를 보였다. 코라손 아키노 전 필리핀 대통령을 1992년에 인터뷰했을 때도 그랬다.

리더는 진정성의 연기자

리더를 배우라고 하는 데는 또 다른 이유가 있다. 배우의 배俳 자는 사람 인ㅅ 변에 아닐 비非 자를 쓴다. 즉 사람이 아니라는 뜻이다. 배우더러 사람이 아니라니, 이상하다 싶다. 그러나 배우더러 사람이 아니라는 것은 배우가 한 개인이 아니라 팀의 일원으로서 전체 중의 하나일 뿐 개체로서의 정체성은 없다는 뜻이다. 리더 역시 혼자 존재할 수 없는 숙명을 지닌다. 함께 하나가 될 때 리더로서 존재할 수 있다는 뜻이다. 함께 일하는 사람들과는 물론 관객들과도 호흡을 같이해야 한다. 원피스, 한마음이 되어야 하는 것이다. 그런데도 많은 리더가 자신이 잘나 독불장군이 된다.

리더가 배우처럼 되려면 연기演技를 잘해야 한다. 물론 여기에는 진정성이 묻어 있어야 한다. 요즘 대선 후보들처럼 쇼하라는 것이 아니다. 연기란 잘 보이는 기술이다. 그러려면 첫째 요건이 감각이 남달라야 한다는 것이다. 리더십의 요소들을 가릴 때 주로 자질, 상황(때) 등을 꼽는데 여기에 필수적인 것이 리더의 감각이다. 감각이 얼마나 빼어난지가 리더의 자질

여부를 가리는 데 시금석이 된다. 감각은 지능IQ이 높다고 저절로 나오지 않는다. 좋은 학교를 다녔다고 감각이 빼어난 것은 아니다. 평소에, 특히 어릴 적부터 여러 가지 경험을 하면 다양한 감각(미각, 리듬감각, 심미안 등)이 저절로 몸에 밴다.

배우 출신의 리더들

그럼 배우가 정치 리더가 되면 어떨까? 자연스러울까? 레이건 전 대통령이 배우 출신인 것은 다 아는 사실이다. 얼마 전까지 캘리포니아 주 지사를 지낸 아놀드 슈왈제네거도 배우 출신이다. 레이건은 성공 사례, 슈왈제네거는 실패 사례다. 필리핀의 에스트라다도 영화배우 출신인데, 대통령선거 때에는 최다 득표를 했으나 재임 중에는 각종 부패에 연루되고 독직 혐의까지 받아 '피플파워2' 시민운동에 밀려 대통령직에서 물러났다. 그 후 필리핀 법원에 의해 종신형을 선고받기도 했다.

배우가 아니면서 배우처럼 퍼포먼스를 잘해 낸 정치인이 있다. 일본 총리를 지낸 고이즈미다. 극장형 정치 퍼포먼스를 한 것으로 유명하다. 그는 하루도 거르지 않고 TV에 출연해 정치 쟁점을 간결하고 명확하게 설명했다. 당내 기반이 약했던 그는 미디어를 자유롭게 활용해 자신의 정책을 국민에게 직접 전했다. CNN과 인터뷰 중에는 엘비스 프레슬리의 노래를 부르는 등 대중에게 화려한 볼거리를 제공하기도 했다.

레이건은 재임 시절 내내 훌륭한 정책을 펴서 높은 평가를 받았다. 국내 경제를 살려 레이거노믹스Reagonomics라는 신조어가 탄생할 정도였다. 레이건은 수전증이 약간 있긴 했지만 연설이나 제스처를 꼭 연기하듯 한다. 그는 2005년 2월 CNN, 《USA투데이》, 갤럽이 공동으로 미국 성인 1800명을 대상으로 실시한 여론조사에서도 역대 가장 위대한 대통령으로 뽑혔다.

최병구에 따르면 레이건은 시대정신이 무엇인지를 잘 포착한 정치인으로 평가된다.[15] 대통령의 업적을 한두 마디로 말할 때 링컨이 '노예를 해방시킨 대통령', 루스벨트가 '제2차 세계대전을 승리로 이끈 대통령'이라면, 레이건은 '냉전cold war을 승리로 이끈 대통령'으로 지칭된다. 대처는 레이건은 총 한 방 쏘지 않고 냉전을 승리로 이끌었다고 했다. 한편 그는 베트남전쟁에서나 영연방 그레나다에서 의료봉사를 하는 하버드 의대생 800명을 구출하기 위해 한 결정에서 비난을 면치 못했지만, 국제 테러 국가들에게 단호하고 굳센 의지를 보여 평범한 미국민을 매료시켰다.

레이건 같은 배우 출신은 아니지만, 외국 정치인들의 감각은 우리나라 정치인과 다르다. 유머감각을 비롯해 일반적으로 감각이 빼어나다. 외국 중 서양이 특히 그러한데, 동양에도 유머감각이 출중한 인물들이 있다. 저우언라이는 외국인들로부터 중국 공산당의 미래는 밝다고 인정받을 정도로 훌륭한 정치인이다. 그는 서구 기자로부터 중국에는 기생이 있느냐는 질문을 받은 적이 있는데 "대만에 있지요"라고 답했다. 대만이 중국의 영토라는 점과 대만이 부패했다는 것을 동시에 비꼰 위트였다. 또 중국을 방문한 미국 대표단 중 한 사람이 미국인은 고개를 들고 다니는데, 중국인은 왜 고개를 숙이고 다니느냐고 물었다. "그거야 이상할 게 없는 것이 미국은 내리막길을 가고 중국은 오르막길을 가니까 그렇다"고 정중히 답했다. 유머와 위트가 넘친다.

최근 선거운동 기간 중 박근혜의 유머가 위트까지 담고 있다. 의원들 모임에서 "'대한민국 최고의 미남미녀다'를 네 글자로 줄이면?"이라는 조크를 던졌다. 답이 궁금한 의원들이 머리를 짜내고 있던 중 그녀의 대답은 "그걸 믿니"였다. 파안대소할 수밖에 없었고 모임 분위기가 최고조에 달한 것은 물론이다.

우리나라에도 심심찮게 배우 출신 정치인들이 있었다. 신성

일, 이주일, 정한용, 최종원 등이 대표적 인물인데, 대개는 기
능인으로 국회의원 자리만 차지하다 말았다. 불미한 사건으로
오명만 남겼다. 이주일은 "코미디 공부 많이 하고 국회를 떠난
다"라는 말을 남기기도 했다. 배우만 한 고두심은 "어떤 분야
에서 인기 얻었다고 정치 나서는 게 우습다"며 요즘 대선주자
들 연기하듯 거짓말 잘하더라고 한다. 그렇다고 연기가 거짓말
과 동의어는 아닐 것이다.

리더, 배우에게 배운다

1960년대 나와 함께 하와이 동서문화센터에서 공부했던 안
민수는 '연기는 곧 과학이나'라는 철학을 갖고 배우훈련 방법
론을 체계화했다. 배우는 종합예술의 전면에 나서는 궁극적인
표현매체라고 말한다. 배우의 몸은 신체와 영혼을 함께 담고
있는 '몸통'이기도 하다. 영감이나 이를 표현하는 기술도 표현
매체인 몸통 안에 함께 담겨 있으며, 이는 물리적 현상이면서
'나'라는 생명을 가진 존재가 된다. 이들은 카메라 앞에서 대
중 앞에 나와, 자기 본연의 모습이 아닌 '작품 속의 역할자role
performer'로 활동한다.

서울대학교 리더십센터에서 교육받는 학생들이 늘 가는

혜화동 게릴라극장의 이윤택은 배우는 일상적 삶의 습관을 뛰어넘는 형이상학적 존재이며, 창조적 주체라고 말한다. 그리고 배우는 자신과 타인, 인간과 자연, 의식과 무의식의 세계를 넘나드는 직관과 영감의 영역에서 노니는 인간이라고도 했다.

훌륭한 배우가 되려면 스타니슬랍스키Stanislavskii 시스템을 습득한 배우여야 하는데, 이는 배우 스스로 캐릭터를 상세하게 이해해서 실제 캐릭터의 내면 요소까지 연기할 줄 알아야 한다는 뜻이다. 같은 맥락에서 장두이는 "맡은 배역을 사랑하라. 그리고 확신을 가지고 연기하라"고 하면서 맡은 역할의 색깔, 무게, 형태를 분석하라고 말한다. 외국의 훌륭한 배우를 뜻하는 메소드method 배우들로 말론 브란도, 제임스 딘, 로버트 드 니로, 더스틴 호프만, 알 파치노 등을 든다.

우리에게도 이런 배우가 많다. 자신의 역할을 잘 인지하고, 그것을 잘 수행함으로써 '역할인지와 역할수행의 조화'를 이루어 낸 인물들이다. 칩을 딱 끼우면 또 딴사람이 되어 '이미지 변신'을 할 수 있는 김명민, '공민왕'에 캐스팅된 후로 3년 동안 연구한 정보석, 연기에 임하면서부터 '메인 롤에게는 절실함이 필요하다'는 생각을 가지고 말 한마디 한마디에 살아남아야 하는 이의 거짓 없는 절실함을 담은 최수종, 인물의 특징들을 화가가 머릿속에 스케치를 하는 것처럼 입력하고 부대끼는 버스 속에서도 1막부터 막장까지 어떻게 하면 이 인물을 잘 표현할까만 궁리하는 이정길, 역할인지에 충실하기 위해 함께 연기하는 사람들의 심리를 꿰뚫고 상황을 주도하려고 애쓰는 이범수, 배우란 언제나 백지 위에서 시작을 해서 새로운 인물을 창조해야 하고 또 연극·영화·TV 등 어디에서나 연기를 할 수 있는 '토털 매칭'이 되어야 한다는 이순재, 사명감으로 연기하고 언제 어느 때 어떤 물감으로 칠해도 다양한 색깔의 연기가 나오게끔 늘 가꿔야 한다는 고두심 등등 쟁쟁한 배우들이 많다. 고두심은 대선주자들이 이루어지지도 않는 공약 같은 것으로 자신의 명예를 더럽히지 말라고 일갈까지 한다.

감각의 유희 1: 리듬감각

그런데 감각보다 논리의 중요성이 강조된 적도 많았다. 데카르트가 감각을 합리적인 정신작용을 못하게 하는 원인으로 봐서 생각만 강조했던 것만 봐도 알 수 있다. 그러나 반대로 데모크리토스는 인식에는 사고로 하는 것뿐만 아니라 감각으로 하는 것도 있다고 했다. 말콤 글래드웰의 『블링크』를 생각하면 세세한 분석보다 눈 한 번 깜빡거리는 0.2초의 순간이 더 정확한 판단을 할 수 있다. 농구 감독은 공이 선수의 손에서 떠나기 전에 선수의 동작만 보고도 3점 슛의 성공 여부를 알 수 있다. 골동품 평가자는 한눈에 작품이 진품이 아니라는 것을 안다. 위대한 정책결정자는 모든 정보를 오랜 시간 들여다보고 결정하는 것이 아니라, 여러 변수 중 몇 개만 골라 집중적으로 사고하고 감각적으로 판단한다.

리더가 되려면 감각이 뛰어나 남보다 먼저 의미를 파악하고 행동에 옮길 수 있어야 한다. 여기에서 말하는 것은 미각, 음과 리듬감각, 시간감각과 공간감각, 상황감각 등이다. 나아가 여러 감각을 결합하는 공감각이 있으면 응용력과 다양성이 생기고, 균형감각까지 발전하게 되면 윤리와도 맞닿을 수 있다. 이러한 감각은 나이 들어 갑자기 생기지 않는다. 몇몇 대선주자들처럼 뒤늦게 클라리넷, 색소폰, 드럼 같은 것을 한다고 예술성이 급격하게 솟는 것은 아니다.

감각은 어릴 적부터 키워야 한다. 여러 종류의 음식을 먹어보아야 다양한 미각이 자란다. 음악적 감각은 리듬감과 더불어 일의 절차와 순서에서 강약, 완급, 고저 등을 나타내어 멋지게 보이게 하고 여유를 보탠다. 리듬이 있으면 같은 일이라도 훨씬 여유와 아름다움을 느끼게 한다. 또한 리더들은 색감도 살려야 한다.

소리라는 것은 원래 움직임이다. 리듬rhythm은 모든 움직임의 시간 및 그 흐름과 유관하다. 리듬론은 우리가 선택한 어떤 자극의 단위길이를 기준으로 흐름과 패턴을 만들어 가는 것이다. 그러므로 리드미컬한 흐름에 반응한다는 것은 각 요소가 갖는 유기적인 표현 패턴에 반응한다는 것이다. 리더들에게 이러한 리듬감각이 없다면 전체 상황의 흐름도, 조화도 알지 못한 채 자기 생각과 주장으로만 일관하는 일이 늘어날 것이다. 전략에서 리듬은 필수적 요소다. 그러기 위해서는 몸이 함께 움직여야 한다. 머리 좋아 전문가가 된 사람이 감각으로 직조된 리더십 없이 리더가 되는 것이 가장 큰 비극이다. 공 하나 제대로 던질 줄 모르는 리더가 많다. 몸치라면 반쪽 리더에 불과하다.

막스 베버는 정치인이 갖추어야 할 세 가지 자질로 열정, 책임감, 균형감각을 들었다. 이 중에서 균형감각은 사물과 사람에 대해 거리를 둘 수 있는 능력이다. 이는 내적인 집중력과 평정심을 갖고 현실이 자기 자신에게 영향을 미치도록 하는 능력이다. 균형감각은 정열적인 정치가를 눈에 띄게 하고, 단순한 정치 아마추어와 구별하게 하는 감각적인 능력이다.

감각의 유희 2: 상황맥락감각

리더들은 지식도 갖추어야 하지만 지능이 그 기본 바탕이다. 지능 중에서도 감각지능이 발달하지 않은 사람은 리더 자격이 없다고 해도 과언이 아니다. 조지프 나이는『리더십 에센셜』에서 리더가 갖추어야 할 여러 가지 지능을 소개하고 있다. 리더는 이성적 호소와 추종자의 자율성이 합친 소프트 파워와, 채찍과 당근으로 가능한 하드 파워가 있어야 한다. 특히 소프트 파워는 지능 외에도 비전, 커뮤니케이션, 센스, 직관 등 책으로 배울 수 없는 요소들을 겸비해야 나온다. 즉 감정적으로 성숙하고 지혜롭고 동시에 자아 인지력이 강해야 리더가 된다는 것이다. 이러한 하드 파워와 소프트 파워를 합친 것을 스마트 파워라고 앞에서 말했다. 이것이 리더십의 정수다.

중요한 것은 상황맥락지능contextual intelligence이다. 상황맥락 지능이 높지 않으면 리더 자신이 무엇을 하고 있는지 몰라 범인 이상이 될 수 없다. 이는 역할인지가 제대로 안 된다는 뜻이다. 상황의 기초는 관계다. 관계가 어떻게 설정되어 있는지, 그래서 내가 처한 상황은 무엇을 의미하고 있는지를 파악해야 한다. 달리 말해 나무도 보고 숲도 보고 숲에서 나무가 차지하는 위치와 비중을 가리는 것이다. "역사에서 신의 섭리를 알고 그의 옷자락을 잡을 수 있는 능력이 있어야 한다"라고 독일의 철혈재상 비스마르크가 말한 적이 있다. 리더의 상황맥락지능에서 직관적인 판단을 할 때는 5가지 차원을 고려한다. 추종자의 욕구와 수요, 정보의 흐름, 시간의 긴급성, 권력자원의 분배, 문화적 맥락 등이다.

리더십의 정수, 다양성과 융합

감각적 언행을 하려면 콘텐츠가 알차야 한다. 또 밑바탕이 다양성을 갖춘 요소들로 이루어져야 하고 융합적 시각이 있어야 한다. 느낌이나 감각만으로는 언술이 논리적일 수 없기 때문이다. 내용이 치 있어야 함은 물론 그 내용이 다양하고 보는 시각 역시 여러 분야를 아우르는 입장이어야 리더답다.

감각으로 따지는 대표적인 것이 맛에 대한 감각, 즉 미각味覺이다. 어릴 적부터 여러 음식을 먹어 보는 것은 미각을 자극하는 길인 동시에 다양성을 익히는 길이다. 미각이라는 말은 이중의 의미를 가지고 있는데, 만져 보거나 시험해서 검사한다는 뜻을 가진 중세 영어 'taster'를 어원으로 하고, 좀 더 거슬러 올라가면 '날카롭게 접촉하다'라는 뜻의 라틴어 'taxare'가 있다. 그래서 맛보는 것은 항상 시험 혹은 평가를 의미했다.

다양하게 맛본다는 것은 그만큼 다양하게 평가할 기회가 많아진다는 뜻이기도 하다. 한국인이 서양인에 비해 맛을 통한 다양성에서 뒤진다는 것은 익히 알려진 사실이다. 비행기를 타자마자 라면을 찾고 외국에 도착하자마자 한식집을 가고, 여행 중 햇반·깻잎·고추장·컵라면 등을 상비하고 다니는 것을 보면 안다.

리더라면 언어, 종교, 인종 등 타 문화에 대한 이해를 넓히는 게 정상이다. 다양성이 있어야 사고의 폭이 넓어진다. 이런 각도에서도 보고 저런 각도에서도 볼 줄 알아야 한다. 물론 음식으로만 다양성을 알 수 있는 것은 아니다. 그러나 다른 음식, 다른 문화에 대한 호기심이 그만큼 없다면 골수분자가 되기 십상이다. 자기 주장, 자기 정책만 옳고 남의 주장은 무시해 버릴 위험성이 항존한다.

미각 이야기를 다시 하면, 미각 중 기미器味라는 것이 있다. 그릇 맛이다. 그릇에 무슨 맛이 있겠냐고 하겠지만 음식이 어떤 그릇에 담기느냐에 따라 맛이 달라진다. 설렁탕을 질그릇에 담아 먹는 맛과 양식기에 담아 먹는 맛이 같지 않은 것과 같다. 음식을 좋아하는 미식가라도 기미를 아는 사람이 그리 많지 않다. 기미를 안다는 것은 리더 감각의 정수인 상황맥락 지능이 앞선다는 뜻이다.

리더는 아름다움에 민감하다

다양성은 미각으로만 가리지 않는다. 리더에게 미각味覺 아닌 미각美覺은 필수다. 아름다움에 대한 감각 말이다. 세상을 아름답게 꾸며야 할 책무가 있기 때문이다. 예술성부터 갖추라는 뜻이다. 심미안이 있어야 세상을 아름답게 꾸밀 줄 안다는 것이 늘 내가 하는 주장이다. 리더에게 심미안이 없다면 세상을 어떻게 꾸며야 하는지 잘 모른다. 이 점에서 여성이 남성을 훨씬 앞선다. 겉치레만 잘해도 근사하다고 감격하면 큰일이다. 광화문 거리를 엄청난 돈을 들여 저렇게 꾸며 놓고 멋있다고 감탄하는 리더가 있다면 그는 리더 반열에 들 수 없다. 심미안은 그림을 좋아하면 저절로 생긴다. 잘 그린 그림, 신오한 뜻이 담긴 그림, 정형에서 크게 벗어난 듯한 그림 등등을 보노라면 세상에 대한 이해가 달라질 수 있다. 다양한 이해가 따른다. 그림을 보지 않더라도 마음이 고우면 아름다움이 그곳에서 절로 나온다. 내 것만 챙기지 않으면 아름다운 마음이 솟는다.

리더십 훈련에서 예술성을 강조하는 이유가 따로 있다. 인구보건복지협회 김영순 회장 역시 리더와 예술성의 관계를 말한다. 그는 정치인을 카피라이터에 비유하면서, 단 한 줄의 카피로 사람들의 마음을 대변하고 움직이는 것처럼 정치도 예술처럼 사람의 마음을 움직이는 '감동'이 있어야 한다고 말한다. 김회장은 단 한 줄의 카피를 만들어 내기 위해 수많은 사람을 만나고, 수시로 책을 읽고, 틈나는 대로 생각에 잠긴다.

서울대학교 리더십센터에서 하는 리더십 훈련에서 예술성을 강조하는 이유도 리더는 감수성이 강해야 세상에 대한 이해와 꾸밈이 달라질 수 있다고 믿기 때문이다. 최우정, 정호진, 허철 등 통영국제음악제 앙상블 팀TIMF들이 와서 바흐의 변주곡들을 연주하고 해설을 곁들여 학생들과 토론하는 것은 연주회만 다니는 것과 비교했을 때 교육 효과가 다르다. 외국 리더십 훈련 과목에서 재즈와 록rock을 가르치는 이유가 있다. 재즈는 기획팀에게, 그리고 록은 협상팀에게 들려주어 성공도를 높이게 하는 훈련 방법이 있다.

앞에서 말한 서울대학교 리더십센터가 뮤지컬 〈대통령이 사라졌다〉를 만든 것도 리더 교육에서 예술성을 강조하기 위한 목적의 일환이었다. 학생들이 몸소 음악과 안무를 익히며 만든 이 뮤지컬의 본디 뜻은 '리더십은 봉사이고, 권력은 아름답다'라는 것을 체득하게 하기 위함이었다. 출연했던 학생들이 공연이 끝난 후 이구동성으로 말했다. "이게 진짜 수업이다. 이게 진짜 리더십이 무엇인지를 터득한 계기였다"라고 말이다.

서로 도와 한 팀이 되어야 한 작품을 완성할 수 있다는 것을
체험했기에 이런 말을 할 수 있다.

요지는 인문학적 소양이 있어야 리더인 것은 맞지만, 예술
성 없이 세상을 아름답게 꾸미지 못하고 경제만 떠들어 대면
안 된다는 것이다. 마이클 센델의 말처럼 세상에는 돈으로 살
수 없는 것이 수없이 많기 때문이다. 시의 아름다움, 교육의
지혜, 젊음의 용기 같은 것이 GDP 어디에 포함되어 있는지 궁
금하기 짝이 없다. 실제로 하나도 반영되어 있지 않다. 그리고
예술성에서 끝나면 안 되고 이것이 몸으로 체득한 것이어야
한다는 점을 특히 강조해야겠다. 몸속에 배어 있지 않는 요소
들은 소용이 없다. 대선 때가 되면 후보들이 배우기 쉬운 색소
폰을 들고 연주하는 척한다든가, 드럼을 치는 흉내를 낸다든
가 하는 것은 쇼에 불과할 뿐 당사자의 예술성을 말해 주기엔
턱없이 부족하다. 예술성은 단기간이 아닌 장기간에 걸쳐 연
마되는 것이다. 그 가능성은 본능적으로 갖추어져 있다. 인문
학적 소양에 대해 한마디 덧붙이자면, 리더에게는 인성학뿐만
아니라 자연학에 대한 이해도 필요하다. 나아가 우주에 대한
이해 없이 리더가 될 생각을 하면 안 된다.

우주에 대한 이해를 촉구하는 것은 세상이 지구만이 아
니고 지구는 무수한 행성 중 하나일 뿐이라는 생각과 통한

다. 브라이언 그린의 말처럼 무한우주multiverse에 도플갱어 doppelganger(나와 동일한 현상을 보고 있는 다른 생명체)들이 수없이 많고, 또 스티븐 호킹의 말대로 우리가 다른 우주를 보면 차원이 달라 굴곡 때문에 바깥세상을 왜곡해서 볼 수밖에 없어 어항 속의 금붕어와 다르지 않다. 이 '작은 파리한 파란 색의 지구'(칼 세이건의 말)에서 복작대니 여기서 벗어나 광활하기 그지없는 우주를 보며 인간과 사회를 다시 생각하는 지도자가 소망스럽다. 인문학은 또 요즘에는 장대익의 말처럼 생문학生文學으로 인문학을 다시 이해해야 한다.[16] 우리가 현재 살고 있는 세계는 생물학의 시대로서 다윈 혁명, 분자 혁명, 인지 혁명의 물결 속에서 활동하고 있는데 이들의 인문학적 의미가 무엇인지를 밝힌 내용이다. 아인슈타인의 상대성 이론을 외면하고 아무리 인간과 자연, 공간에 관해 고담준론을 펴도 소용이 없다.

리더의 삶은 끊임없는 공부

인문학적 소양과 예술성, 몸의 율동과 리듬 등의 중요성을 더 강조하면 췌언이 된다. 그런데 여기서 간과하면 안 될 것이 있다. 그것이 바로 아카데믹 라이프academic life다. 리더에게 당신은 평생 학문적 삶을 살아야 한다고 주문하면, "그럴 거면

학자가 되고 말지"라고 답할 것이다. 그러나 자신만을 위해 사는 사람과 남을 위해 사는 사람의 차이는 크다. 후자이기 위해서는 평생 더 공부하고 노력하지 않으면 안 되는 것이다. 지식도, 감각도 없이 남을 위할 수는 없다. 내 머리와 내 가슴을 채우기 위해서는 책도 열심히 읽고 더욱이 현장에서 체득해야 세상에 눈을 겨우 뜬다. 나도 잘 모르지만 더 모르는 남을 알기 위해 들여야 할 노력과 시간은 보통 사람의 몇 배가 되지 않으면 안 된다.

유감스럽게도 우리나라 정치인들 중 종이 좀 다른 조윤형을 빼놓고 책을 가까이한 사람을 별로 보지 못했다. 조윤형은 국회도서관에서 산 유별난 정치인이다. 책만 열심히 본다고 저절로 학자연해서 아는 것이 많고 판단도 옳은 것은 물론 아니다. 그러나 남보다 더 많이 알아야 사물과 현상, 그리고 인간을 훨씬 더 정확히 이해할 수 있고 전체를 조감하는 능력이 생기며 내일을 예견할 수 있다.

그러기에 리더가 학자의 수준에 있어야 하는 것은 거역할 수 없는 명제다. 카터 대통령은 집무가 끝난 시간인데도 300페이지가 넘는 보고서들을 일일이 읽곤 했다. 대처의 열독 습관은 널리 알려져 있다. 우리나라 대통령은 2장이 넘지 않는 굵은 글씨의 보고서를 읽는 수준에서 그친다. 그렇게 줄이고 줄인

요약본에서 어찌 내용의 진수를 알 수 있겠는가? 열심히 공부해 여러 내용을 여러 각도로 해석하며 내 것으로 만들어야 다음 단계의 호기심도 생기고 의문도 생기면서 정책을 파고들 수 있다. 그렇지 않으면 각 부처 장관이 보고하는 내용을 따를 수밖에 없게 된다.

리더십은 좋은 학교를 나왔다고 생기지 않는다. 좋은 자리 편력으로 리더십이 생기지 않는다. 리더십 훈련을 한다면 배우 수업받듯 해야 하고, 그중에서도 특히 역할인지와 역할수행에 대한 방법을 체득해야 한다. 그리고 리더십을 발휘할 때 배우처럼 연기를 잘해 국민의 마음속으로 파고들고 국민을 감동시켜야 한다. 그러기 위해서 리더가 기본적으로 갖추어야 할 것이 '감각'이다. 리듬감각, 상황맥락감각, 다양한 감각, 융합적 감각 등등. 감각은 감각 자체로 성립하는 것이 아니라 콘텐츠가 뒷받침될 때 빛이 난다는 이야기도 했다.

대선 후보자들 중 이런 리더십 감각을 갖춘 이는 몇이나 될까? 책 많이 읽는 걸로는 2012년 대선 후보 모두 뒤지지 않을 것이다.

리더는
비전 메이커다

"리더십은 이 지구상에서 가장 많이 관찰되면서도 가장 적게 이해되는 현실 가운데 하나이다"라는 말이 있다.[17] 리더십의 본질을 꿰뚫기 어렵다는 뜻으로 번스가 한 말이다. 어려운 것 중 하나가 리더의 비전이다. 리더가 어떤 비전을 갖고 있느냐에 따라 내가 따를지 말지를 판단하게 된다.

우물 안 개구리처럼 고인 물 속에 있는 것은 고작 그만큼의 시야를 허용할 뿐이다. 우리는 정직하고 책임감이 강하면서 남들보다 더 멀리, 더 높이, 더 많이 볼 수 있는 안목과 통찰력을 가진 자를 리더로 따르고 싶다.

유감스럽게도 대부분의 리더가 보수주의나 진보주의, 민주주의나 사회주의 등과 같은 이념 성향에서 비롯되는 정책 주장은 하지만, 재벌 정책에서 이들 입장은 판이하게 갈린다.

초·중등학교 무상급식에서도 마찬가지다. 국가 간 또는 다자 간 자유무역협정에서도 입장은 달라진다. 사회가 양극화로 치닫는 데 대한 입장 역시 합치되지 않는다. 교육 분야에서도 대학을 어떻게 해야 하고 지식과 실천적 양식을 어떻게 전수하며 훈련해야 하는가에 대한 입견 역시 뚜렷하지 않다. 대개가 분별력은 있어 이분법에 집착해 적만 많이 만들고 지식이 부족하고 논리가 얇고 패러다임의 변화를 모르기 때문이다.

현실에 뿌리내린 실재적 지식

대통령을 비롯한 나라의 높은 지도자들이 반드시 알아야 할 것은 우리가 갖고 있는 지식이 너무 한쪽으로만 치우쳐 있다는 사실이다. 리더들은 실재reality를 얼마나 알고 있을까? 리더들은 민주주의를 만져 보지도, 정의를 냄새 맡아 보지도 못했을 텐데 외치고 다닌다. 리더들이 아는 것은 스티븐 호킹의 말대로 개념뿐이다. 분석의 세계와 경험의 세계가 얼마나 다른지를 잘 모르고 사변 속에 파묻혀 있다. 로버트 란자Robert Lanza가 말한 대로 이들은 세상에 공간이 있고 시간이 존재하는 줄 착각하고 있다.

또한 리더들이 가지고 있는 지식은 칸트가 말하는 현상적 지식phenomenological knowledge에 불과할 뿐이다. 이들은 본체적 지식numeanal knowledge도 모르면서 세상을 다 알고 있는 듯 주장을 편다. 그런 제약 속에서 아무리 정책을 잘 편다 한들 현실 세계의 문제를 얼마나 잘 풀어 갈 수 있을지 의문만 쌓인다.

이들은 자신들의 논리가 역설paradox 속에 빠지는 줄도 모르고 떠들어 댄다. "대통령은 누구나 될 수 있지만 아무나 되어서는 안 된다"는 명제는 "나는 화살은 날지 않는다"라는 제논의 역설에 해당된다. "집에서 면도를 하지 않는 사람은 이발소에서 해 준다"라는 말 때문에 집이 이발소인 이발사가 모순에 빠지는 러셀의 역설, 크레타 섬에서는 모두 거짓말을 하니 거짓말을 해야 참말이 되는 크레타 역설도 있다. 이러한 역설들은 리더들 자신이 편 주장이 곧 사가낭착에 빠진다는 사실을 모른다는 것을 일깨운다. 이러한 역설을 펴면서 어떻게 국민을 설득할 것인가. 리더들은 또한 이를테면 '선언지 긍정의 오류'를 쉽게 범한다. 맞지 않는 사실을 먼저 천명해 놓고 논리를 펴는 것과 같은 것이다. 내용과 맥락을 구분하지 못하는 오류역시 마찬가지다.

지금까지 리더들은 이분법이 기초가 되는 서양의 합리주의, 그것도 도구적 합리주의에 빠져 있기도 했다. 모든 것을 둘로 구분해 놓고 동일성의 원칙 속에서 '내 생각과 다르니 너는 틀

렸다'는 주장을 반복해 왔다. 그러나 세상은 0과 1로만 나눌 수 없다. 그 사이에 0.1부터 0.9까지 여러 개의 수가 있는 것이다. 자크 데리다가 차연difference을 주장한 이유를 곱씹어야 할 것이다.

리더들의 생각과 논리 수준이 그러니 사이먼의 제한적 합리주의나 케너먼의 편견이나 프로스펙스 패러다임을 믿을 리 없다. 인간의 판단은 합리적이지 않다. 준準 아니면 제한적 합리성이 있을 뿐이다. 이렇게 인간은 편견 덩어리이고 따라서 정책결정을 아무리 잘한다 해도 문제가 해결될 것이라고 생각하는 것은 착각일 뿐이다.

리더들은 얼마나 역사의식과 미래의식을 갖고 비전을 제시할까? 과거를 얼마나 알고 또 미래를 얼마나 예견하며 국가와 국민을 이끌고 가겠다고 호언하는 것일까? 미안하지만 이들이 알고 있는 지식은 '골든벨'에서 고등학생들이 달달 외워 온 지식의 수준이나 용도와 크게 다르지 않을 것이다. 천박한 지식은 시스템을 망가뜨린다.

우리나라 리더들은 유감스럽게도 과학에 대한 지식과 예술적 감각이 매우 부족하다. 이들은 부족한 과학 지식 때문에 미래를 제대로 예견하기 힘들다. 과학기술이 어떻게 발달해 미래 사회가 어떻게 변모하는지 모르고 기껏해야 IT, BT, NT,

GT 등이 중요하다는 말만 하고 다닌다. 그 내용은 잘 모르면서도 그렇게 한다. 미래 대통령이 알아야 할 11가지 과학 이슈의 필요성을 역설하는 리처드 뮬러Richard Muller의 이야기에 귀를 기울일 필요가 있다. 레이먼드 커즈와일Raymond Kurzweil 같은 학자가 보는 미래 학문의 패러다임 변화나 사회 변화 같은 것을 대통령을 하고 싶다는 후보자들이 얼마나 알까?

그래도 후보들 중 누군가는 오는 12월 대통령에 당선될 것이다. 그리고 '이런 문제들을 풀어 국민의 욕구를 만족시켜줄 것'이라고 공약한다. 기대해도 될까? 이들이 풀 수 있는 것은 극히 한정되어 있다. 따라서 후보자들이 내 개인의 생각과 요구만 내세우지 않도록 이들이 공부하고 사색할 시간을 가져야 한다. 리더가 고독해야 할 이유가 여기에 있다. 사람들은 리더의 말수가 적고 기자의 질문에 잘 반응하지 않으면 소통이 부족하다고 말하지만 그런 리더일수록 고뇌에 찬 자성을 깊이 있게 하여 소통 못지않은 내면의 세계를 다진다고 생각해야 한다. 이 나라 리더들은 이런 훈련과 경험이 매우 부족하다. 매일 밤늦게까지 돌아다니며 악수하고 밥 먹으며 허언해야 하기 때문이다. 이런 상황부터 없애고 민주적 대통령이 일할 수 있는 풍토를 만드는 것이 국민의 도리다.

비전, 상상력과 통찰력의 산물

리더들이 갖추어야 할 자질 중에서 손꼽는 것이 비전이다. 클린턴은 특히 집행력, 인내와 더불어 비전의 중요성을 강조했다. 강조하지 않아도 리더들은 내일을 내다보는 상상력과 통찰력이 남달라야 하기에 당연한 것이다. 그렇다면 상상력과 통찰력이 남다르기 위해 지식을 충분히 갖추어야 하는가? 아니면 지식이 충분하지 않아도 비전이 바를 수 있는가?

학교 공부를 제대로 하지 않았어도 적절한 정책을 제시해 국가의 부를 이룬 대표적인 예가 룰라 다 실바 전 브라질 대통령이다. 그는 1945년 브라질 북동부 페르남부코 주의 빈농 가정에서 태어나 불우한 어린 시절을 보내다 7세 때 상파울루 주 산토스로 이주한 뒤 거리에서 땅콩과 오렌지 등을 팔아 가족의 생계를 도우면서 초등학교에 다녔다. 학교에 다니면서도 구두닦이, 세탁소 점원, 전화 교환원 등 온갖 잡다한 일을 해야 했다. 1960년 정부에서 운영하는 국가산업기술연수원 선반공 자격증 과정에 등록해 3년간 교육을 받은 뒤 금속공장에서 일하게 되었고, 1980년 금속노조 위원장으로 선출되면서 주목받기 시작했다. 그는 브라질 역사상 최대 규모의 파업을 성공적으로 이끌면서 단숨에 국민 영웅으로 떠오른 인물이다. 2002년 대통령에 당선되어 재임한 후 퇴임 때인 2010년에 지지율이 87%에 이를 정도로 사상 유례없는 인기를 누렸다.

학교에서 배우는 지식을 종합지綜合知라고 한다면 그렇지 않은 것은 '손지식'이라고 한다. 손지식만 가지고도 얼마든지 논리적 사고와 행동을 하는 예가 있다. 아프리카의 부시맨이 그렇다. 레비 스트라우스도 『야생의 사고』에서 이런 면을 인정한다. 그러니까 학교에서 정상 교육을 받았다고 반드시 훌륭한 통찰력을 갖추는 것은 아니다. 김대중과 노무현은 상업고등학교 출신임을 대개 기억할 것이다.

문제는 리더들이 지식이나 기반이 되는 실재를 얼마나 알고 비전을 세우느냐이다. 유감스럽게도 매우 부정석인 견해들이 있어 소개하지 않을 수 없다. 즉 우리가 알고 있는 실재는 허상이 대부분이다. 버클리 주교가 한 말이 상기된다. 그는 "모든 만물은 마음이 만들어 낸 허상"이라고 했다. 또한 우주의 진리를 밝히려는 인물들이 실재의 존재를 부정적으로 보는 경향이 있다. 스티븐 호킹과 브라이언 그린이 이들이다. 호킹은 실재라는 것이 모두 개념이나 모델을 우리가 만들어 그것이 실재라고 믿도록 만든 것에 불과하다고 했다. 집이나 나무 등을 예로 들면서 '모델 의존적 실재model dependent reality'라는 것이 그것이다. 『멀티 유니버스』의 저자 그린도 테그마크를 인용하여 인간의 영향력을 서술하는 가장 정확한 언어가 수학이라고 하면서 "실재는 우리의 존재를 초월해 있으며 어떤 식으로든 우리가 만들어 낸 개념에 의존하지 않는다"고 했다. 실재가 뭔지 잘 모르면서 지식을 쌓고 비전을 제시해도 되는 것인가? 대부분의 리더가 주장하는 정책 내용들, 그리고 비전들이 얼마나 속이 찼는지는 일단 의심하고 보아야 할지도 모른다.

"나는 세상 사람들이 나를 어떻게 생각하는지 잘 모르겠다. 그러나 내가 보기에 나는 해변가를 이리저리 돌아다니며 노는 철없는 소년이었다. 가끔은 매끄러운 조약돌이나 예쁜 조개껍질을 발견하고 기뻐했지만, 내 앞에 펼쳐진 거대한 진리의 바다는 완전한 미지의 세계였다."

뉴턴의 고백이다.

리더들의 비전을 구체적으로 알아보기 위해서는 대통령들의 정책공약을 들여다보면 대강을 헤아릴 수 있다.

비전을 현실로 만들기 위해

용두사미에 그치긴 했지만 이명박은 747공약으로 대선에서 이긴다. 7% 경제성장률에 일인당 국민소득 4만 달러 시대

를 열고 세계 7대 경제강국으로 올려놓겠다는 의욕 넘친 공약
이자 이 나라의 내일을 열려는 비전이었다. 불행하게도 현실은
3.5% 경제성장에, 2만 달러를 약간 상회하는 소득, 13위 경제
강국을 유지하는 수준에 머물렀다. 비전은 상상력과 통찰력을
가지고 내일을 보고 약속하는 것인데, 이 대선 팀들은 제2의
세계경제 위기가 올 것이라는 내일을 볼 줄 몰랐거나, 아니면
알고도 국민을 속였거나 둘 중의 하나다. 땅에 무늬地文가 없으
면 그건 땅이 아니다.

노무현은 지배세력을 바꾸겠다는 뚜렷한 비전을 가지고 국
정에 임했다. 마르크스가 말한 대로 기존의 부를 가진 집단
properties class이 국가권력을 전횡해 이들 지배세력의 구도를 바
꾸지 않고서는 나라가 제대로 갈 수 없다는 판단 하에 이를 바
꾸려는 것이었다. 이른바 서울대학교를 졸업했거나, 삼성그룹
에서 일한다거나, 서울의 강남에 사는 사람들은 지배집단에
속하는 것이라고 단정했다. 수도를 세종시로 옮기려고 했던 것
도 지배세력의 판도를 바꾸려는 일환이었다. 과거사를 식민사
관에서 벗어난 시각으로 정리하고 친일세력을 응징하려고 한
것도 국가에 대한 인식을 바로잡으려는 의도가 뚜렷했다.

노무현만큼 좌 클릭으로 치닫진 않았어도 김대중은 남북
이 화해하고 공존하려는 의식이 강했다. 어떻게 해서든지 이

땅에 민족상잔의 비극이 되풀이되어서는 안 되겠다는 집념으로 6·15공동선언을 성사시켰다. 세계경제의 흐름을 제대로 읽지 못해 지난 정부에서 진 빚을 그대로 떠안은 김대중은 IMF 경제위기를 극복하는 데 정성을 쏟았다. 신지식인을 고무해 기존의 계급의식에 수정을 가하려는 의도도 뚜렷했다.

김영삼은 세계화의 기치를 내걸었다. 시야를 국내에서 바깥으로 돌리자는 것이었다. 당시는 수준에 미치지 못하기 때문에 반대하는 입장이 뚜렷했는데 OECD에 회원국으로 진입한 것도 세계적 시각을 갖고자 했던 정책 지향의 일환이다. 그의 투명한 국정운영은 금융실명제 같은 데서 드러난다. 지하경제의 덩치가 커질수록 왜곡되는 돈의 흐름이 경제에 미치는 영향이 큰 데다가 선진국이 되기 위해 필수인 정부의 투명성을 더 이상 외면할 수 없어 내린 결단으로서 지금껏 좋은 평가를 받는다.

가장 확실하게 미래를 조망하고 선진 공업국으로 도약하려는 비전을 제시한 대통령은 박정희다. 물론 경제계획의 뿌리는 민주당 정부의 관료들에게 있다. 김영선, 신현확, 이한빈 등이다. 신태환 등 경제학자들의 뒷받침도 컸다. 박정희에게는 춘궁기에 보리죽도 못 먹고 초근목피로 연명하는 백성들을 더 이상 볼 수 없어 나라가 가난에서 벗어나게 해야 한다는 시대적 명제가 분명했다. 산업구조를 농업에서 공업으로, 그것도 중화학공업으로 전환하면서 경제개발 5개년 계획을 꾸준히 이행한 성과가 오늘날 한국의 모습에서 잘 나타나고 있다.

역대 이 나라 최고 지도자들 중 나라가 어떻게 해서든 백성을 찌든 가난에서 벗어나게 하고 불평등한 대접을 받지 않고 세계 반열에 올곧게 서도록 비전을 제시하지 않은 인물은 없었다. 그러나 자원이 턱없이 부족하고 구조적 부패에서 벗어나지 못했기에 신음하면서 보낸 세월이 너무 길었다. 터무니없는 비전만큼 자신의 뚜렷한 신념을 가지고 밀고 나갔던 비전도 많았지만, 우리나라에서 비전이 현실화한다는 것은 쉽지 않다. 불질적 성과와 분배 말고도 박근혜의 약속인 국민 대통합도 어지러운 이 시대에 반드시 이루어져야 할 과제다.

세상을 바꾸는 리더의 비전

미국의 경우에는 프랭클린 루스벨트 대통령의 뉴딜New Deal 정책이 대표적 비전 제시의 사례다. 1933년 취임한 미국의 제32대 대통령 프랭클린 루스벨트는 경제불황을 극복하기 위해 정부가 시장에 적극적으로 개입하는 뉴딜 정책을 펼친다. 루스벨트 대통령의 이 정책은 빈민구제 및 실업 문제를 해소하기 위해 대규모 공공사업을 추진하는 것으로서 국가가 시장에 적극적으로 개입해 통제하는 대표적 내용이다.

정책의 배경은 제1차 세계대전 후의 미국이다. 이때의 미국은 표면적으로는 경제적 번영을 누리고 있는 것처럼 보였지만, 내부적으로는 만성적인 공급 과잉과 실업 상태가 지속되고 있었다. 그러던 중 1929년 10월 24일 월스트리트Wall Street의 주가가 대폭락하는 사태가 발생했다. 주가 대폭락 사태는 사회 각 부문에 급속도로 파급되어 제반 물가의 폭락, 생산의 축소, 경제활동의 마비 상태를 일으켰다.

그러나 1~3차에 걸친 뉴딜 정책의 결과 미국은 대공황의 시급한 위기를 넘기는 데 어느 정도 성공했다. 루스벨트는 취임연설에서 "우리가 두려워해야 할 유일한 것은 바로 두려움 그 자체뿐입니다. 이름 없고, 비합리적이며, 근거 없는 공포는 후퇴를 전진으로 바꾸는 데 필요한 노력을 마비시킵니다"라고 했다. 그리고 미국은 노동조합 결성 및 소외집단의 지위가 향상되는 사회가 되면서 정치도 발전했다.

뉴딜 정책은 일차적으로는 대공황에 대한 대응책이었으나 더 나아가서는 또다시 이러한 대공황이 일어나지 않도록 자본주의의 결함을 수정하려는 것이었다. 이러한 수정 자본주의의 움직임으로 인해 독점시장에 정부 권력이 개입하고, 같은 산

업 간에 규약을 만들게 함으로써 관리하고, 농산물 과잉 상태
는 정부의 통제에 의한 생산 감소로 개선되었다.

이러한 정책 수정은 당시 대통령이 국가가 직면한 문제를
어떻게 보고 어떤 해결책을 제시하느냐에 따라 달라지는데
이에 영향을 미치는 것이 바로 리더십의 비전이다. 톱 리더들
은 항상 국가의 정치체제나 경제체제에 대한 도전에 직면한
다. 문제가 항상 체제에서 비롯된다는 비판을 받기 때문이다.
보수와 진보 간의 투쟁 역시 예외가 아니다. 뉴딜 정책 역시
시장에 내맡긴 경제가 제자리를 잡지 못했기 때문에 케인지
안Keynsian들의 주장처럼 정부가 개입하기에 이른 것이다. 이 논
쟁은 아직도 계속된다. 김대중 정부 출범 즈음해서 기왕에 벌
어졌던 IMF의 위기를 극복하려는 노력 역시 정부와 시장 간의
역할 부담 내지는 관계를 어떻게 설정해야 하는가에 모아졌던
것이다.

대통령들은 국민의 먹거리를 챙겨야 하기 때문에 경제 정책
에 몰두할 수밖에 없다. 하지만 국가의 안위를 걱정해야 하고
동시에 독도 문제를 둘러싼 한일관계처럼 국가 간의 이해를
조정하기 위해 어떤 외교적 입장을 견지해야 하는가에도 눈
을 뗄 수 없다. 덩샤오핑은 과거보다 미래를 내다볼 줄 아는 유
연한 리더였다. 국내적으로는 사회주의라는 닫힌 체제를 유지

하면서 외교관계에서는 사회제도와 사상으로 선을 가르지 말고 평화공존 5개 원칙의 기초 위에서 모든 나라와 친선협력관계를 발전시켜야 한다고 주장했다. 나라의 품격을 높이기 위해 문화의 색채도 강하게 표현해야 한다고 믿었다. 덩샤오핑이 『예기』 9장에 나오는 소강국가론小康國家論을 펼친 것이나 김구가 『나의 소원』에서 부력富力이나 강력强力보다 문화의 힘을 강조한 것은 같은 이야기다.

미국 대통령의 비전으로 손꼽는 것이 몇 가지 더 있다. 클린턴은 미래, 경제, 건강보호라는 세 가지 캐치프라이즈로 비전을 제시했다.[18] 첫째, '미래'는 변화냐, 현상 유지냐를 선택하는 것으로서 변화를 위해 자신이 필요한 인물이라고 주장했다. 둘째, '경제'는 국가 채무 해결에 힘쓰는 것이다. 선거 참모들은 미국 국민에게 클린턴의 메시지를 전달하기 위해 원자탄 개발 프로젝트를 본뜬 맨해튼 프로젝트를 출범시켰다. 이와 관련된 기치는 '국민을 우선하고 국민이 안정적 미래를 확보하는 데 투자하라, 책임과 함께 기회를 부여하라, 중산층을 보호하라, 정부를 재창조하라'였다. 이를 통해 중산층 조세감면, 전 국민 건강보험, 직업훈련에 대한 공공 투자, 교육개혁을 주창했다. 셋째, '건강보호'는 부시가 해결하지 못했던 것으로서 클린턴이 가장 중시한 비전이었다.

링컨은 미국 역대 대통령을 평가한 CNN의 조사에서 1위를 차지했는데, 비전과 의제 설정 항목에서도 단연 최상위를 차지했다. 링컨은 비전에 관해 "무엇보다 중요한 것은 모든 미국인들이 자유를 누릴 수 있게 하고, 전 세계에 희망을 준다는 비전을 가져야 한다는 것이다. 이 비전은 장차 어느 때인가는 모든 인간의 어깨를 짓누르는 힘이 없어지고 모든 사람이 동등한 기회를 갖게 된다는 점을 약속한다"고 말했다. 이는 노예제도 폐지의 씨앗을 배태한 말이었다. 또한 링컨은 개방과 포용을 중시했는데 이와 관련하여 링컨이 대통령이 된 후 제일 먼저 한 일도 백악관을 개방하는 일이었다. 백악관 개방은 링컨의 비전과 관련이 있었다. 링컨은 취임연설에서 남북이 갈라진 미국이 하나가 되는 것을 목표로 제시했는데 백악관 개방은 그 비전을 유지해 나가겠다는 상징이었던 것이다.

오바마는 "부유하든 가난하든, 흑인이든 백인이든, 히스패닉이든 아시아인이든 우리는 이 나라를 근본적으로 변화시킬 준비가 되어 있습니다. 이것이 바로 지금 미국에서 일어나고 있는 일입니다. 변화, 이것이 미국에서 일어나고 있는 일입니다"라면서 변화에 대한 비전을 제시한 것으로 유명하다. 최근에는 단기적으로는 도로, 교량 등의 사회간접자본과 교육분야에 예산을 늘려 경기부양 효과를 내고, 장기적으로는 부유층 증세와 국방비 축소, 사회보장 프로그램 손질 등을 통해 재정적자 폭을 줄이는 '투 트랙' 접근을 하겠다는 비전을 제시했다. 한국외국어대학교 강연에서 핵무기 없는 세상을 만들기 위한 구체적 조치를 취하는 데 있어 미국의 리더십은 필수적이었다고 하면서, 원자의 경이로운 힘이 파괴가 아닌 창조에 사용되는 미래를 위해 국제 핵연료 은행Fuel Banks을 창설하는 등 핵 안보 강화에 대한 비전을 제시했다. 한반도 통일에 대해서도 "모든 한국인이 열망하는 그날이 쉽게, 또는 희생 없이 오지는 않을 것입니다. 그러나 그날은 기어이 올 것입니다. 그날이 오면, 한때 불가능하다고 생각했던 변화가 시작될 것입니다"라는 변화의 비전을 제시했다.

리더는 희망을 파는 상인이다

나폴레옹은 "리더는 희망을 파는 상인이다"라는 말을 해 비전의 중요성을 제시했다. 그는 자유, 평등, 박애로 대표되는 프랑스 혁명의 기치를 보전하면서 새롭고 밝은 미래를 창조하기 위해 '프랑스 국민이여! 평등, 자유, 대의정치에 기반을 둔 통합된 공화국에 충성할 것을 우리와 함께 맹세하라'라는 비전을 제시했다. 이는 비전을 국민에게 알리는 것을 최우선으로 한 것이다. 이러한 비전의 제시는 국민의 불안감을 해소하고 강력한 통치 원칙을 제시하는 새 헌법의 공표로 이어졌다.

칭기즈 칸은 '한 사람의 꿈은 꿈이지만, 만인의 꿈은 현실이다'라는 비전을 제시하면서 유목민들의 생활습관인 기마전술과 전법을 활용하여 역참제를 만들었다. 이는 미국 《워싱턴포스트》가 '중세의 인터넷'이라고 평가할 만큼 세계적인 커뮤니케이션을 개척한 제도다. 《워싱턴포스트》는 1995년 12월 30일 특집기사에서 '인터넷이 발명되기 7세기 전에 몽골인들은 글로벌 통신망을 개척했다'고 평가했다. 칭기즈 칸은 800년 전에 이미 '정보'와 '속도'의 중요성을 알고 그에 맞는 비전을 제시했던 것이다.

괴기 역사적 인물뿐만 아니라 빌 게이츠 역시 비전을 가신 리더로 유명하다. 빌 게이츠는 컴퓨터가 보급되기 전에 '컴퓨터 시대의 도래'라는 확실한 비전을 가지고 있었다. 아무도 개인 컴퓨터가 상용화되고 인터넷으로 세계 정보가 하나로 묶일 수 있다는 예측을 하지 못하던 시기에 그는 컴퓨터 산업의 비전을 확신했다. 빌 게이츠는 『미래로 가는 길』에서 컴퓨터 산업에서 하드웨어가 중요하게 인식되는 시점에서도 소프트웨어의 미래를 예견했다.[19] 그는 한 연설에서 다음과 같이 말했다.

"소프트웨어는 컴퓨터에 차별성을 주어 여러 해 동안 매력적인 교육용 기기가 되게 하거나, 아니면 몇 달 동안 흥미를 불러일으키는 존재다."

당시 소프트웨어는 불법복제가 난무했기 때문에 애써 만들어 놓은 소프트웨어는 거의 판매가 되지 않았다. 하지만 그는 복제하기 어려운 ROM에 소프트웨어를 넣어 제공하는 것을 생각하고, 소프트웨어를 일정 가격에 하드웨어 업체에 판매하여 컴퓨터가 판매되는 시점에 소프트웨어가 함께 팔릴 수 있는 전략을 선택해 어려움을 극복했다.

앞서 소개했지만, 대처는 1983년부터 1986년까지 집권 2기 동안 개혁의 어젠다를 제시하는 성과를 냈다. 1기에는 주로 재정 정책과 금융 정책을 통한 인플레이션 안정 등 거시경제 정책의 방향이 주된 것이었다면, 집권 2기에 제시한 비전은 국영기업의 민영화, 노조나 지방정부 개혁 등 부문별 개혁과 관련 있는 내용이었다. 첫 번째 집권 기간의 성과는 물가 안정과 포클랜드 전쟁의 승리였다. 긴축적 재정금융 정책을 통해 인플레이션을 해결하는 데 성공했던 것이다. 두 번째 선거에서 제시한 비전은 집권 1기의 성과를 바탕으로 영국 경제를 번영으로 이끌기 위한 것이었다. 이로써 영국의 고질적인 문제점이 해결됐다. 대처의 선거 비전과 전략은 영국 경제는 번영할 것이다(경제 정책, 미래지향적), 영국은 강해질 것이다(노동당의 유약한 국방 정책에 대한 공격), 권력을 국민에게 돌려줄 것이다(민영화 추진—교육과 주택, 국가 건강서비스 개혁)에 해당한다. 이렇게 민영화의 가속화, 주택, 교육, 건강서비스 개혁이 3기의 주요 정책이었다.

프랑수아 미테랑 이후 17년 만에 사회당 출신 대통령이 된 프랑수아 올랑드는 "나는 현재 우리의 삶보다 더 나은 삶을 프랑스의 젊은이들에게 제공하고자 한다. 나는 대통령직에 대해 다른 비전을 제시할 것"이라는 말처럼 '보통 대통령'을 꿈꾸었다. 이에 걸맞게 부자증세, 은행규제, 공공부문 일자리 창출에 대한 정책을 제시했다. 그는 각료 연봉 30%를 삭감하는 것으로 대통령직을 수행하기 시작했다. 또한 긴축정책으로 유럽의 재정위기를 극복하자는 잉겔라 네르켈 독일 총리의 노선에 반대하고 있다. 과도한 긴축은 오히려 경제의 활력을 잃게 할 뿐 일자리 창출에는 도움이 되지 않는다고 판단한 것이다.

브라질 최초의 여성 대통령인 지우마 호세프는 2014년까지 극빈층을 완전히 없애는 것을 목표로 한 '빈곤 없는 브라질'을 모토로 내세웠다. 이를 위해 현재 시행되고 있는 복지 정책인 '볼사 파밀리아Bolsa Familia(저소득층 생계비 지원 프로그램)'의 수혜 대상 가운데 6세 이하 자녀를 둔 극빈층에 대한 지원액을 늘리고, 영양 부족이나 각종 질병을 앓는 어린이를 위해 전국에

설치된 '서민약국'에서 의약품을 무료로 공급하도록 했다.

러시아의 블라디미르 푸틴은 '러시아의 미래를 건설하기 위해 온 국민이 단결하자'는 비전을 제시했다. 이를 위해 푸틴은 각종 제도를 개혁해 투자환경을 대폭 개선하고 경제 현대화를 위해 혁신산업을 육성하는 등 신산업 정책을 추진하려고 한다. 또한 민간부문을 활성화하고 산업경쟁력을 제고해 2017년까지 석유·가스, 통신, 금융 부문 등 20개 국유기업을 민영화할 계획을 세웠다. 뿐만 아니라 낙후된 극동·시베리아 개발을 촉진하기 위해 지역 개발기금을 조성해 운송망 구축 등 각종 인프라 개발 프로젝트를 적극 지원하며, 사회적 형평성을 높이기 위해 사치세를 도입하고 첨단기술 분야를 비롯한 비원자재 관련 기업에는 과감한 세제 혜택을 제공할 예정이다.

마지막으로 중국의 후진타오 주석은 막강한 경제력을 바탕으로 대국으로 우뚝 일어서는 '대국굴기大國堀起'를 비전으로 제시했다. 대국굴기는 중국이 개혁·개방 이후 줄곧 표방한 발전 노선으로서, 급속한 경제발전과 이로 인해 나타난 중국 위협론, 빈부격차와 지역 간 갈등 등의 내부 모순과 부조리로 인해 결국 중국이 망할 것이라는 중국 붕괴론에 대응하는 개념이다. 이를 바탕으로 후진타오 정권 마지막 양회 화두로서 경제성장과 분배 정책을 내세우고 있다. 후진타오는 조화사회를 축으로 하는 '과학적 발전관'을 천명하기도 했다.

과학 없는 비전은 없다

톱 리더들은 항상 현실 문제를 해결해야 하지만 동시에 내일을 준비하지 않으면 안 된다. 내일을 준비하는 자세는 과학기술의 발달로 인한 사회 변화와 국가 발전의 문제를 어떻게 보느냐에 달려 있다. 많은 대통령이 과학기술의 문제를 중요하다고 강조하지만 실제로 내용을 얼마나 숙지하고 있는지 의심스럽다. 이 중에서도 우리나라 원자력발전의 시작을 이끌어 냈던 이승만 대통령과 과학입국을 위해 힌 국과학기술연구원KIST을 출범시킨 박정희 대통령의 과학관은 새삼스럽다.

MIT 공과대학교의 선임 교수이자 조직학습협회SOL: Society for Organizational Learning Council의 창립회장인 피터 센게에 따르면 현재 세계는 복잡한 과학적 데이터를 제대로 분석할 리더십이 필요하며, 이산화탄소 배출과 기후변화의 진행 방향을 간절히 알아야 할 처지에 놓여 있다.[20] 대기 중의 온실가스를 안정적인 수준으로 낮추려면 전 세계적으로 이산화탄소 배출량을 '70% 이상' 줄여야 한다. 이는 교토협정과 같은 기존의 다자간

협정에서 설정한 목표를 훨씬 뛰어넘는 것이다. 만약 많은 사람이 이 단순한 사실을 직시한다면 화석연료를 대체할 새로운 에너지 시스템에 대한 사회적 촉구는 비약적으로 거세질 것이다. 그러나 불행하게도 기업과 정부 부문의 리더들 가운데 이러한 문제점을 제대로 깨달은 사람은 거의 없다. 말은 하지만 실천하지 않는다. 이는 과학적인 통찰력이 요구되는 리더십의 중요성을 망각하는 것이다.

국가 지도자 중에는 과학자들이 심심찮게 있다. 하토야마 유키오 총리(도쿄대학교 공학부, 스탠퍼드 공과대학원). 간 나오토 총리(도쿄대학교 공과대학 이학부 응용물리학), 후진타오 국가주석(칭화대학교 수리공학), 원자바오 총리(베이징대학교 지질대학 광산학과), 시진핑 국가부주석(칭화대학교 공정화학과), 앙겔라 메르켈(라이프니치히대학교 이론물리학, 구 동독 아카데미 양자화학), 마거릿 대처 총리(옥스퍼드대학교 화학), 마무드 아마디네자드 이란 대통령(국립과학기술대학교 교통공학), 베냐민 네타냐후 총리(미국 MIT 건축학), 리셴룽 총리(케임브리지대학교 수학과), 룰라 대통령(금속노조 출신) 등이다. 의학도까지 포함한다면 타바레 바스케스 대통령(우루과이 국립대학교 의학), 마하티르 모하마드 총리(킹 에드워드 7세 의과대학) 등이 있다. 물론 이외에도 세계 지도자 군에 이학도와 공학도가 다수 끼어 있다. 아무래도 이들은 과학기술

의 발전과 그 영향이 사회에 어떻게 미치는가를 비과학도보다
는 훨씬 많이 알고 있을 것이다.

대통령에게는 전문가들이 과학기술에 관한 자문을 한다.
국가과학기술자문회의 같은 것이 대통령 직속으로 있는 것은
대통령 자신이 과학기술의 도움 없이 그 자체 아니면 다른 분
야의 정책결정을 하는 것에 한계가 있기 때문이다. 앞에서 인
용한 리처드 뮬러가 쓴 책『미래 대통령을 위한 물리학』같은
것은 대통령이 되려면 반드시 알아야 할 11개 과학 분야의 이
슈를 자세히 다루고 있다. 그렇지 않으면 대통령을 하지 말라
는 말과 같다. 과학을 모르면 비전이라는 용어는 써도 내용이
없다. 물론 만능이 아닌 과학으로 인한 오류를 파악할 줄 알
아야 하는 것도 리더의 몫이다. 행정학에서도 미국 대통령이
NASA에서 하는 일을 알고 있는 것과 잘 모르고 있는 것 간
에는 큰 차이가 난다는 사례들을 이야기하곤 한다. 박정희
대통령이 다른 역대 대통령에 비해 과학에 관심을 쏟을 수 있
었던 것은 사범학교 교육 덕택인 것 같다. 각 분야의 지식을
골고루 습득해야 하는 이유에서다. 〈새마을 노래〉를 작사·작
곡할 수 있는 음악에 대한 지식 역시 그로 인한 것이다.

대통령이 과학에 대한 지식을 갖추어야 한다는 것은 과학
에 관한 단편적 지식을 많이 가져야 한다는 뜻이 아니라 과학

적 마인드를 갖고 국정을 운영해야 함은 물론 과학기술로 인해 사회가 크게 변하기 때문에 그 추이를 감지하고 대비해야 한다는 뜻이다. 과학기술의 변화를 미리 알고 미래를 바로 볼 줄 아는 '미래 리더십'이 필요한 것이다.

사회는 바야흐로 창조사회를 지향하고 있다. 농업을 중시한 지본사회地本社會에서 돈을 중시하는 자본사회資本社會로, 그리고 뇌를 중시하는 뇌본사회腦本社會로 이행되고 있다. 이들 사회 변화 속에서 패러다임이 어떻게 변하고 있는지, 정책이 준거하는 패러다임은 어디에 머무르고 있는지를 알아야 한다. 다른 시대와 달리 앞으로 오는 시대는 융합하고 창조하는 것이 필수인 사회다. 지금껏 인간의 행태나 인간이 내린 어떤 결정의 원인이 규명되지 못하지만 이제는 뇌 과학이 발달해 속을 자세히 들여다볼 수 있게 되었다. 인간이 얼마나 비합리적인가가 규명됨으로써 지금껏 합리적 인간의 합리적 선택을 고수하던 게임 이론을 비롯해 모든 것이 물거품이 되었다.

물론 아직도 이성의 힘을 믿는 입장이 없지 않지만 정책결정이라는 것이 얼마나 옳은지 장담하기는 매우 어려운 처지다. 정책이 잘 이행되지 않는 이유 중 하나가 정책 간에 얽혀 있는 문제를 내버려 둔 채 한 정책에 몰두했기 때문이다. 이 때문에 의제의 본질을 놓치고 정책을 수립하는 경우가 허다해 정책이 무위로 돌아간 경우가 많았다. 이제 정책 간에 연결 고리를 달아 이 정책과 저 정책이 어떤 관계가 있는지 알고, 이 정책이 풀 수 없는 것을 저 정책이 풀 수 있다고 답할 때가 되었다. 이를 정책 매트릭스matrix라고 말한다.

대통령이 알아야 할 또 다른 중요한 사안 중 하나는 과학 같은 전문성이 깊은 분야의 지식을 오해할 가능성에 대비해야 한다는 것이다. 과학이 때로 국가와 결탁해 옳지 않은 일을 자행하는 경우가 많다. 예를 들면 로버트 러플린이 쓴 논문 「아메리칸 스콜라American Scholar」에서 지적한 대로, 지구의 기후를 인간이 정책으로 어찌할 수 있는 것이 아니다. 하이브리드 카 같은 것을 만든다고 일산화탄소가 덜 발생하고 지구온난화가 늦추어진다고 생각하면 안 되는 것과 같다.

결국 올바른 길은 미래의 과학기술과 사회 변화를 올바로 인지하고 패러다임이 변하고 있는 현실을 직시하고 좌·우뇌, 전뇌로, 영혼이 깃든 디지로그로 새로운 눈을 뜨고 실천하는 것이다. 미래의 창조 리더는 새로운 정신과학, 분자생물학, 신경과학에 대한 이해를 바탕으로 삼아야 한다. 뿐만 아니라 철학, 미학, 인지심리학, 정신분석학, 행동경제학, 인지경제학 등을 합친 '정신의 생물학'을 통해 뇌와 정신에 대한 이해를 철저히 해야 할 것이다. 리더란 인간의 마음과 정신을 제대로 알아

야 하기 때문이다. 그래야 사회 구성체의 집합성과 복잡성을
헤아릴 수 있다.

창조적 비전 메이커를 기다리며

에드거 H. 샤인은 리더에게 예술적 직관이 필요하다고 말
한다. 리더더러 배우라고 할 때 다 이야기했다. 즉 리더십을 부
분적으로 예술적인 행위로 간주하는 것이다. 이들은 숨겨진
충동과 통찰력을 이끌어 내어 텅 빈 캔버스에 무엇을 그릴지
결정해야 한다. 그리고 창조에 대한 욕구 이상으로 반성을 통
해 배우고, 다양한 체험과 자극에 자신을 노출시켜야 한다. 그
리고 자신을 둘러싼 세계에서 어떤 일들이 일어나고 있는지
열린 눈으로 바라볼 수 있어야 한다.

리더들은 얼마나 상상력이 풍부하고 통찰력이 빼어나 비전
을 잘 제시할 수 있을까? 관료사회에서 평생을 지낸 사람이나
군대에서 경력을 쌓은 사람에게 상상력과 통찰력을 많이 기
대할 수 있을까? 전문성이 많다고 그 사람이 상상력과 통찰
력도 풍부하다고 말할 수 있을까? 비전은 상상력과 통찰력을
말하고 있는 것인데, 리더에 따라 그런 일에 빼어난 사람이 있
다. 스티브 잡스는 과학에 인문학과 예술을 입혀 전혀 새로운

제품을 만들어 냈다. 레오나르도 다 빈치의 상상력과 통찰력은 지금껏 회자되고 인용된다. 그럼 리더로서 상상력과 통찰력이 빼어난 사람은 누구일까?

단연 세종을 꼽지 않을 수 없다. 세종은 어린 시절부터 유학의 경전에 그치지 않고 역사, 법학, 천문, 음악, 의학 등 다방면에서 전문가 이상의 지식을 쌓았다. 경서는 모두 100번씩 읽었고, 책은 보통 한 권을 30번씩 읽었으며, 경서 외에 역사서와 여타 다른 책들도 그렇게 반복해서 읽었다. 세종은 단순히 책을 많이 읽기만 한 것이 아니라 그 내용을 정리하고 비교하는 능력까지 갖추었다. 세종은 경전의 문구를 외우는 수준을 넘어 내용과 이치를 이해하고 더 깊은 생각을 하도록 노력하며 학자들에게도 그렇게 하라고 주문했다. 이는 세종이 문치文治의 이상을 실현시키는 바탕이 되었다. 태종이 세종을 후계자로 선택한 이유를 "매양 국가에 큰일이 생겼을 때는 의견을 내되, 모두 범상치 않은 소견이 의외로 뛰어났다"고 할 정도로 세종의 상상력과 통찰력은 리더로서의 자격을 갖추었다. 세종의 창의력은 글 읽기에만 그치지 않고 음악과 과학 등으로 뻗어나갔다. 박연을 등용해 아악을 정리하고 맹사성을 통해 향악을 뒷받침하여 조선에 적합한 음악을 만든 것이 그 결과물이다. 측우기 발명이나 훈민정음 창제가 우연한 것이 아니었다.

외국의 대통령 중 세계 10대 천재의 반열에 드는 인물이 딱 한 사람 있다. 토마슨 제퍼슨이 그다. 《네이처》가 뽑은 세계 역사상 10대 천재에는 ① 레오나르도 다 빈치, ② 윌리엄 세익스피어, ③ 요한 볼프강 괴테, ④ 피라미드를 만든 이집트인, ⑤ 미켈란젤로, ⑥ 아이작 뉴턴, ⑦ 토머스 제퍼슨, ⑧ 알렉산더 대왕, ⑨ 피디아스(제우스 신상과 파르테논 신전의 아테나 여신상을 총지휘해 만든 인물), ⑩ 아인슈타인 등이 포함된다. 여기에 유독 미국의 3대 대통령 토머스 제퍼슨이 포함된 이유는 그가 1776년 7월 4일 독립선언문의 기초위원이었을 뿐만 아니라, 미국의 정치가·교육자·철학자로 건국의 이상인 자유와 평등을 몸소 실천한 인물이고 철학·자연과학·건축학·농학·언어학 등 여러 분야에서 많은 사람에게 영향을 주어 '몬티첼로의 성인'으로 불렸기 때문이다. 그도 창조력과 상상력을 가진 리더였다.

셰이크 모하메드는 창조력으로 비전을 제시하는 리더의 전형이다. 그는 불가능은 단지 상상 속에 있을 뿐이라고 하면서 두바이를 상상을 초월하는 도시로 만들었다. 비전제시형 리더로서 '꿈꾸는 지도자'가 나라를 살린 것이다. 사막 위 스키장과 잔디 골프장, 불꽃 모양으로 흔들리는 빌딩 건설 등 황무지 사막을 세계 최고의 관광자원으로 만들고, 국민 개개인의 도

전 정신을 일깨웠던 것은 '두바이를 중동의 뉴욕으로' 만들고자 했던 모하메드의 비전 덕분이다.

리더가 상상력과 통찰력을 발휘하기 위해서는 책을 많이 읽으며 공부만 해서 되는 것은 아니다. 무엇보다 현장에서 경험을 통해 실용적 지식을 습득해야 함은 물론 부단한 지적 연마를 해야 한다. 그중 몇 가지를 레오나르도 다 빈치의 주장을 빌려 소개한다. 그가 창조적 상상력의 중요성을 강조하며 제시한 방법에는, ① 의문과 호기심과 탐구욕을 자극하는 큐리오지타curiosita, ② 경험이 지혜의 심장이라는 디몬스트라지오네dimonstrazione, ③ 탁월한 감각의 센사지오네sensazione, ④ 애매한 상황을 가리는 직관력의 스푸마토sfumato, ⑤ 예술과 과학의 융합 간가인 아르테와 시이언자arte/scienza, ⑥ 몸으로 움식이는 코포리타corporita, ⑦ 창조의 지름길인 연관성 찾기의 커넥지오네connecssione, ⑧ 형상화와 추상화를 반복하는 포마지오네와 아스트라지오네formazione/astarzione, ⑨ 다원적 사고를 촉구하는 멀티디멘지오네multidimenssione, ⑩ 생각을 정리해 어떤 형태로 표현하는 모델로modello 등이 있다.

실은 누구나 이런 지적 활동들을 한다. 인문사회, 자연과학, 예술 등을 하는 사람들은 예외 없이 이런 사고를 하게 되어 있다. 리더들은 바쁜 일상에서 이러한 것들을 잘하지 못하는 듯한 인상을 받긴 하지만 그들대로 기발한 생각을 엮어 내는 탐구와 연찬의 힘이 없지 않다.

이러한 창조적 활동을 집단적으로 하는 예가 있다. 1950년 월트 디즈니는 '창조그룹'을 구성했다. 이것은 디즈니랜드를 건설하는 도중에 조직된 그룹이다. 오늘날 디즈니랜드 테마파크에는 2000명의 상상 공학도가 존재한다. 월트 디즈니는 '당신이 꿈꾸는 모든 것은 이곳에서 할 수 있다'라는 모토를 새기고 아무리 비현실적인 것으로 보이는 일이라도 혁신적으로 새롭게 꾸미는 데 주저하지 않았다.

이렇게 비전 중에서도 창조성을 지닌 비전, 즉 창조적 비전이 중요하다. 비전에는 추상적 비전, 직접적 비전, 상상적 비전 등 세 가지가 있다. 추상적인 것은 리더들이 흔히 구사하는 방식이다. 뒤의 두 비전은 복잡한 도전에 직면할 때 필요하다. 직접적 비전은 코앞에 다가온 문제에 주목하고 어디로 가고 있는지 냉철한 판단을 하게 하는 것으로서 '공유하는 지평'이다. 상상적 비전은 직접적 비전을 넘어서 지금까지 일어나지 않았던 상황을 꾸미고 '만일 그렇지 않다면What if?'을 생각하는 방식이다. 톰 피터스는 "지도를 새로 그릴 수 있는 용기, 아니 완전히 새로운 지도를 창조할 수 있는 용기가 없으면 감히 리더라고 말하지 마라"고 했다. 실제로 애플, 구글, 3M, 마이크로

소프트, 닌텐도 같은 창조적 기업들은 상상력을 경영의 핵심 화두로 삼고 있다. GE는 아예 '상상력으로 돌파하기'를 핵심 가치로 삼는다. 아인슈타인도 지식보다 상상력이 더 중요하다고 했다.

리더에게는 비전이 있어야 하고, 리더는 비전 메이커가 되어야 한다. 세상의 변화를 리더가 알아야 하는 것은 현재도 중요하지만 내일을 준비해야 하기 때문이다. 생텍쥐페리는 "만일 당신이 배를 만들고 싶으면, 사람들을 불러모아 목재를 가져오게 하고 일을 지시하고 일감을 나눠 주는 일을 하지 마라. 대신 그들에게 저 넓고 끝없는 바다에 대한 동경심을 키워 줘라"라고 했다. 당장 일을 시작하기 전에, 그 일에 대한 확신과 신념을 불러일으킬 수 있는 명확한 비전이 제시되어야 한나. 이 비전 안에는 미래에 대한 희망과 믿음이 담겨 있어야 한다. 바다에 대한 동경심과 희망, 믿음이 있을 때 그 바다로 나아가기 위한 배를 열심히 만들듯이, 대통령이 제시하는 정책이 믿음을 줄 때 그 정책을 실현하기 위한 동력이 생기는 것이다. 이러한 비전가형 리더, 비전 메이커로서의 리더가 올 12월에 탄생해야 한다.

여성 리더십의 현실

　여성 대통령 시대가 열릴까? 곧 다가오는 대선에서 박근혜가 대통령으로 당선된다면 이 나라도 자연스럽게 여성이 국가 최고 지도자가 되는 정국을 맞게 될 것이다. 여성의 고급 인력, 이른바 경제활동인구 중 법조, 행징, 외교, 내학, 기업 능 사회 각 분야에서 차지하는 비중이 점점 늘면서 '여성 정치인 역시 당연한 것으로 받아들인 지 오래지만 대통령까지는?' 하고 고개를 갸웃둥거리는 사람이 없지 않다. 그러나 동양 3국을 제외하면 여성 최고 지도자는 여러 나라에 등장한 지 이미 오래이고 군주국가의 여왕을 생각하면 우리가 지나친 편견을 갖고 있었던 것이 아닌가 한다. 우리도 아주 옛날 이미 여성 군주(선덕·진덕·진성 여왕 등)를 가졌던 역사가 생생하다.

　영국의 시사주간지 《이코노미스트》가 전 세계 현역 여성 최고 지도자가 활약하는 양상을 일목요연하게 보여 준다(다음 페이지의 표 참조). 이들 중에는 미망인이 있는가 하면, 부인이 있고 자매가 있으며, 딸들이 있다. 인도의 소니아 간디는 간디의 미망인으로 의회정당Congress Party의 총재를 맡고 있다. 잡음이 끊이지 않았지만 페르디난드 마르코스 대통령의 영부인이었던 이멜다 마르코스는 현재 국회의원이다. 그만둔 지 오래이지만 필리핀의 코라손 아키노는 부군이었던 아키노 상원의원이 저격당한 후 대통령이 되었다. 아르헨티나의 현임 대통령 크리스티나 페르난데스Cristina Fernandez는 전임 대통령의 부인이다. 총리의 여동생이 다시 총리가 된 나라가 타일랜드다. 잉락Yingluck Shinawatra이 현재 국선 총리다.

이 통계는 정치가 가문의 출신이 여성 지도자로 등장한 경우를 간추린 것인데, 부친이 지도자였던 가문으로 미얀마의 아웅 산 수 치가 있다. 야당 지도자로 군사정부 하에서 오랜 가택연금으로 고생하다 최근에 국회의원으로 당선돼 정치활동을 재개했다. 방글라데시의 총리 세이크 하시나Sheikh Hasian도 부친이 대통령이었다. 그리고 우리나라의 박근혜도 이름을 올렸다. 숫자는 적지만 여성 정치 지도자는 세계적으로 보편적인 현상이라고 할 수 있다.

전직 국가 지도자들과 관련이 있는 현재 여성 리더들				
구분	성명	국가	직위	관련 인물
미망인	소냐 간디Sonia Gandhi	인도	국민회의당 대표	전 총리 라지브 간디
	이멜다 마르코스 Imelda Marcos	필리핀	하원의원	전 대통령 페르디난 드 마르코스
	칼레다 지아 Begum Khaleda Zia	방글라데시	국민당 대표	전 대통령 지아우르 라흐만
아내	힐러리 클린턴	미국	국무장관	전 대통령 빌 클린턴
	크리스티나 페르난데 스Cristina Fernandez	아르헨티나	대통령	전 대통령 네스토르 키르치네르
	나나 코나두 롤링스 Nana Konadu Rawlings	가나	여당 대표 후보	전 대통령 제리 롤링스
	산드라 토레스 Sandra Torres	과테말라	대통령 후보	전 대통령 알바로 콜 롬
여동생	잉락 친나왓Yingluck Shinawatra	타이	총리	전 총리 탁신 친나왓
딸	누럴 이자 안와르 Nurul Izzah Anwar	말레이시아	국회의원	야당 대표 안와르 이 브라임
	글로리아 아로요 Gloria Arroyo	필리핀	선 대통령	전 대통령 디오스다 도 마카파갈
	마르틴 오브리 Martine Aubry	프랑스	사회당 대표	전 EU 집행위원장 자크 들로르
	아웅 산 수 치 Aung San Suu Kyi	미얀마	민주화운동 지도자	전 독립운동가 아웅 산
	케이코 후지모리 Keiko Fujimori	페루	2011 대선 낙선	전 대통령 알베르토 후지모리
	마리아 가이다르 Maria Gaidar	러시아	정치활동가	전 총리 이고르 가이 다르
	박근혜	대한민국	대통령 후보	전 대통령 박정희
	셰이크 하시나 Sheikh Hasina	방글라데시	총리	전 총리 무지부르 라만
	카자 칼라스 Kaja kallas	에스토니아	국회의원	전 총리 심 칼라스
	마린 르 펜 Marine Le Pen	프랑스	국민전선 대표	전 정당 지도자 장마 리 르 펜
	마리암 알 마흐디 Mariam al-Mahdi	수단	정당 대표	총리 사디크 알 마 흐디
	주리 리오스 몬트 Zury R?os Montt	과테말라	국회의원	전 독재자 에프라인 몬트

| 딸 | 다리가 나자르바예프
Dariga Nazarbayeva | 카자흐스탄 | 후계자 후보 | 대통령 누르술탄 나자르바예프 |
| 손녀 | 알레산드라 무솔리니
Alessandra Mussolini | 이탈리아 | 국회의원 | 전 총통 베니토 무솔리니 |

자료: 《이코노미스트》

여성 리더 탄생의 조건

1970년 『미래의 충격』을 발표한 후 40주년을 기념해 다시 미래를 내다보면서 앨빈 토플러는 21세기에는 여성이 권력의 중심에 선다고 예언한다. 리더십 이론에서도 여성성을 말하며 전에 없던 친절함, 상냥함, 부드러움 등의 표현이 등장해 거친 힘이 리더십의 덕목인 듯 남성 사회를 상징하던 내용이 점차 바뀌어 가고 있다.

여성 정상의 등장은 대륙에 따라 차이가 크다. 아프리카는 한두 명에 불과하다. 7명의 여성 대통령이 있었던 라틴아메리카에는 브라질의 지우마 호세프를 비롯해 아르헨티나의 크리스티나 페르난데스, 코스타리카의 라우라 친치야 등 세 명의 현직이 있다. 아시아권에는 인디라 간디를 비롯해 반다라 나이케, 코라손 아키노 등 여성 정상들이 심심치 않게 있다. 반면 같은 아시아권이면서 동북아에서는 오랜 유교 전통 때문인지 여성 정상들이 눈에 띄지 않는다. 모계사회가 재현될 것이라는 예견 속에 바야흐로 여성들이 주변부에서 중심부로 이동하고 여성성의 보편화가 눈앞에 다가온다고 해도 과언이 아닐 듯싶다.

다양화가 핵심이 된 21세기에 여성이 사회의 중심이 되고 권력의 중앙에 선다는 것은 하나도 이상하지 않다. 지식정보사회에서는 실력으로 모든 것이 판가름 나기 때문에 성에 대한 편견은 희석될 수밖에 없다. 지금까지 사회는 비대칭적이지만 상호보완성을 띠고 공존하고 있다. 문제는 한쪽의 정의가 다른 쪽의 정의와 일치하지 않는다는 데 있다. 그리고 내가 있고 남이 있다는 이원성이 본질이 된 사회에서는 항상 대등하냐 아니냐를 따지게 된다. 우리의 의식 속에서는 '여기 있음'에 대한 '남/다름otherness'이라는 관념이다. 17세기를 지나면서 인간, 자아, 개인이 우리 사고의 모형이 됐다. 그러자 남을 보는 전혀 새로운 방식이 생겼다. 그는 피부색이 누런 남이다. 영어를 쓰는 사람들은 인류 중 특별한 무리이며 남들은 한국어, 중국어, 일본어를 쓴다. 당신은 금발이고 내 머리는 검다. 당신은 여자이고 나는 남자다. 데카르트 이후부터 일반 공간 내부에 특별 영역이 자리 잡고 있다고 생각했다.

그런데 만일 그런 '남/다름'에 대한 경계가 무너지고 무시된다면 상호보완적이었던 관계에 있던 것들 사이의 긴장이 하나의 선험적 추상 개념으로 치부되고, 그런 다음 본질적이지 않은 구별들이 중심을 차지한다면 또 어떻게 될까? 동시에 성 간의 관계가 전도되어 남성이 오히려 상실감에 휩싸이면 그 사회는 또 어떻게 될까? 만일 그렇게 된다면 성별 간의 평등관계는 회복이 어려워지고 이들은 이반 일리치Ivan Illich의 말대로 '이중의 게토' 속에 꽁꽁 갇혀 버리게 될지도 모른다.

감성과 공감의 리비도

여성이 권력의 중심에 서게 된다는 것은 또 다른 불평등으로 가모장적 권위주의를 초래한다면 그 또한 불행이 아닐 수 없다. 여성은 프로이트가 말한 대로 "영원히 남성의 어렴풋한 그림자일 뿐"이라는 말이 전도되면 그 또한 비극이 아닐 수 없다는 것이다. 또 상호보완성을 둘러대겠지만 이제부터는 사회와 그들 관계에 관한 인식을 새롭게 할 필요성을 느낀다. 그 출발은 본질 천착이다. 전후, 좌우, 상하, 그리고 과거와 미래라는 4차원의 관계가 다양한 만큼 대칭과 비대칭, 평등과 불평등 등이 늘 내연하는 가운데 통합이라는 허상만 좇지 말고 한 차원 도약해야 한다.

그래도 이들 간의 차이를 조금이라도 극복하는 길은 맹목

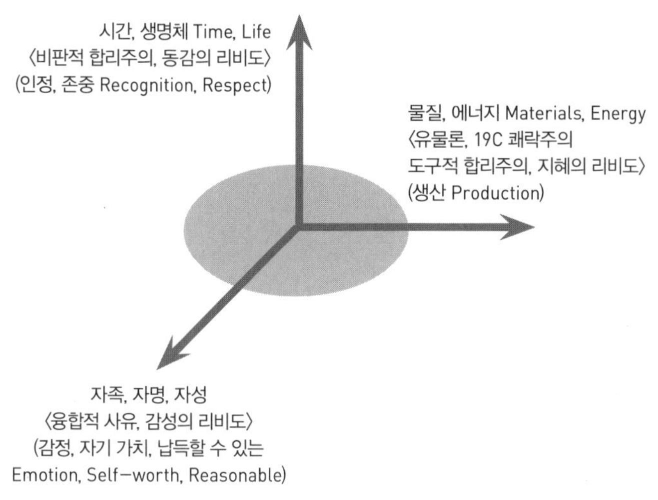

적으로 믿으려는 근본주의나 공연히 의심해 보는 상대주의를 넘어 한쪽에 치우치지 않는 '의심하는 믿음'(피터 버거)을 바탕으로 공감하는 것 이상이 없다. 남녀의 차이, 또는 남성 리더십과 여성 리더십의 차이만 들여다보면 간극만 커질 뿐 조화도 전체도 다 놓치고 만다. 의심하는 믿음은 인간이 불완전하다는 고백이며 그래서 늘 자성하는 가운데 자신의 정체성을 묻고 또 묻는 것이다.

만일 제러미 리프킨의 말대로 '공감의 시대'가 열린다면 걱정은 덜 수 있다. 19세기 과학주의와 도구적 합리주의에 묶여 있던 논리들, 이른바 물질과 에너지의 생산을 지고지선으로 생각하던 것에서 벗어나 인정과 존중을 소중하게 생각하며 생명의 고귀함에 다시 한 번 고개 숙이고 여성과 남성의 이분법 사이의 틈 속에 숨어 있는 진리를 믿어도 보고 의심해 보기도 하면서 숭고한 인간의 존재 가치를 확인한다면 여성 리더십이라고 폄하할 이유가 사라지고 또 세상이 훨씬 더 편하고 아름다워지질 것이다. 앞의 그림은 공존의 새로운 패러다임을 바이오 인지문화 혁명이라는 이름으로 그린 것이다. 지배의 리비도가 가고 감성과 동감의 리비도가 지배하는 시대이자 문화를 말하고 있는 것이다.

리더의 어머니

여성 리더십에 관한 이야기를 할 때 공직자가 아닌데도 반드시 거론해야 할 인물들이 있다. 바로 대통령을 키워 낸 어머니 First Mothers 이야기다. 어머니는 영부인과 달리 공적 업무를 수행하지는 않는다. 그러나 인물을 낳은 점이나 평소에 국정에 대한 영향력으로 치면 어머니도 공인임에는 틀림이 없다.

여기서는 대통령을 길러 낸 어머니 이야기를 잠시 하려고 한다. 미국 대통령 11명을 길러 낸 어머니들을 보니 이들은 정적인 어머니가 아니라 칭찬과 벌로 아들에게 끝없는 에너지를 불어넣은 활기찬 실천가들이었다. 그리고 이들 어머니는 미국 역사에 길이 남을 자신의 자취를 남겨 놓았다. 이들은 좋은 집안에서 태어났으나 자신들보다 신분이 낮은 집안으로 시집을 가 어려운 환경에서도 아들, 특히 장남 키우기에 몰두했다. 이들은 자신이 살았던 삶의 수준으로 아들을 끌어올리려고 노력했다. 대부분 독립적이고 개인주의적 성향이 강했다. 당시 조혼이 흔했던 시기였는데 이들은 20세가 넘은 나이에 결혼을 했다는 공통점이 있다. 이들은 전통적인 삶을 살면서 날카로운 지성을 발휘했다. 흑인에게 관용을 베푼 리리언 카터, 흑인들이 평등한 대우를 받도록 노력했지만 미흡하다고 후회한 아이다 아이젠하워, 이방인에게 동정심을 갖게 했던 로즈 케네디 등은 남편의 의견을 앵무새처럼 따르지 않고 자신의 양심을 따랐다.

강한 어머니는 아들에게 지성 이상의 것을 자극하는 경향이 있다. 자신감을 심어 준 것이 바로 그것이다. 그럼 이러한 어머니의 자랑스런 강인한 얼굴은 어디에서 온 것인가? 아이러니인지 모르지만 그것은 바로 그녀의 아버지에게서 왔다고 모린 머독은 『아버지의 딸』에서 쓰고 있다. 어머니가 된 어릴

적 딸은 그 아버지로부터 '특별한 대우와 관심을 받은 매우 소중한 존재'로 자랐다. 이들은 대통령의 어머니가 되어 조화의 접착제도 되고(로즈 케네디Rose Fizgerald Kennedy), 용기를 불어넣기도 하고(도로시 포드Dorothy Gardener Ford), 엄격한 규칙을 따르게 했던(도로시 부시Dorothy Walker Bush) 이들이다.

미국 33대 대통령을 지낸 헤리 트루먼은 어머니에 대한 신뢰가 매우 높다. 어머니를 잃은 국무장관을 지낸 에치슨에게 쓴 위로의 편지에서 그는 "어머니 같은 후원자는 없다. 옳건 그르건 어머니의 관점에서 아들은 항상 옳다"고 했다. 비판을 견디기 어려울 때마다 트루먼은 어머니의 격려에 크게 의지했다. 아마도 모든 대통령이 가지고 있는 공통된 감정을 트루먼이 표현했을 것이라고 생각된다. 린든 존슨 대통령은 대통령이 되기 훨씬 전인 1930년 어느 대학 신문에 '어머니 날'을 기념하는 글을 기고했다. "연인의 사랑은 변할 수 있지만 어머니의 사랑은 끝까지 남아 있다. … 어머니의 사랑에 버금가는 사랑은 이 세상에 존재하지 않는다"고 했다.

그렇다고 미국의 모든 대통령이 어머니 때문에 위대한 인물이 된 것은 아니다. 독립의 영웅들, 워싱턴과 제퍼슨은 어머니에 관해 거의 언급을 하지 않았다. 워싱턴의 어머니 메리 볼 워싱턴은 맏아들에게는 평생 짜증스러운 존재였다. 어느 전기 작가는 "워싱턴의 삶에서 가장 알 수 없는 미스터리는 그가 어머니를 전혀 사랑하지 않았다는 점이었다"라고 쓰기도 했다. 워싱턴처럼 아버지를 일찍 여윈 3대 대통령 토머스 제퍼슨은 어머니가 돌아가셨는데도 삼촌에게 알리지도 않았고 어머니에 관해서도 한마디 말을 하지 않은 것으로 알려졌다. 그가 모친이 서거하고 두 달이 지난 후 어떻게 '영감 가득 차고 장려한 문체로' 버지니아 헌법과 역사적 기념비인 독립선언문을 썼는지 어머니의 사랑의 힘은 아니었을 것이라고 추측한다.

오바마는 '흑인과 백인 구분 없이 함께 행복한 세상'을 만들겠다는 다짐을 했는데 이는 어머니의 영향이 컸다. "나를 키운 것은 8할이 어머니"라고 할 정도였다. 오바마의 어머니는 나눔과 배려의 정신을 가르쳐 주었다. 구걸하러 온 사람들에게는 아낌없이 나누어 주었다. 또한 해외 거주 때 오바마에게 학교에 가기 전 세 시간 동안 영어를 가르치는 등 미국식 교육을 시켰다. 인종 문제에 대해서도 철저하여 어린 오바마에게 마틴 루터 킹을 롤모델로 삼게 하고 흑인의 장점과 우수성을 가르쳤다.

보니 앤젤로가 쓴 『대통령을 키운 어머니들』은 근세 미국 대통령들이 내린 정책결정과 행동의 배경을 밝혀 주는 중요한 단초가 되었다.[21]

그럼 박근혜는 일찍이 젊어서 청와대에서 영부인 같은 역할을 했는데, 아버지와 어머니 중 누구 때문에 대선 후보로 성장하게 되었을까? 말할 것도 없이 아버지의 영향을 많이 받은 것이 거의 명백하지만 어머니 육 여사를 부각시키는 것을 보면 어머니의 영향 또한 컸을 것으로 해석할 수 있다. 1960~70년대를 회고하는 사람들은 박근혜가 어머니와 머리 모양이나 모습, 말투와 행동들이 너무나 빼닮았다는 것을 기억한다.

육영수 여사는 1925년 충청북도 옥천에서 출생해 1942년 배화여고를 졸업했고 옥천여중 교사를 지냈다. 전형적인 선생님으로 자식 교육에 남다른 정성을 기울였다. 1950년 당시 육군 중령이었던 박정희와 결혼하고, 1963년 박정희가 대통령에 당선되자 사회활동에 적극적으로 참여한다. 자선봉사단체인 양지회陽地會를 결성하고 전국 9곳에 여성회관을 건립했다. 또한 미망인회未亡人會 자활공장을 짓고, 헌혈운동을 펴는 등 적십자사 활동에도 극적으로 참여했다.

어린이대공원과 어린이회관 건립을 주도한 것도 육 여사였다. 불우 청소년들의 직업보도를 위한 정수직업훈련원正修職業訓練院을 설치하고 서울대학교에 기숙사 정영사正英舍를 짓게 한 것도 육 여사의 힘과 공헌이었으나, 지금 두 기관은 공교롭게도 박근혜 선거에 짐이 되고 있다.

육 여사는 1974년 8월 15일 광복절 기념식이 열린 국립중앙극장 단상에서 조총련계 문세광文世光의 저격에 삶을 마치는 비극을 겪는다.

박근혜가 어머니로부터 받은 영향은 매우 크다. 박근혜는 어머니를 노력과 인내와 성실, 그 자체라고 생각한다. 어머니의 슬기로운 모습을 보면서 닮고자 노력하는 삶을 살았다. 어머니는 딸에게 문제가 무엇인지 절실하게 느끼면 거기서 슬기와 지혜가 나온다고 가르쳤다. 육 여사는 늘 검소했다. 바느질을 잘해 옷도 늘 기워 입었다. 어느 식목일 행사 때 기워 입은 바지를 보고 행사 참가자들이 수군거릴 정도였다. 남루하지는 않지만 안감으로나 쓸 옷감으로 옷을 입어도 우아한 모습이었다. 언젠가는 외국인 접견 때도 그런 옷을 입었다. 중고등학교 내내 1등을 도맡아 했던 박근혜는 서강대학교 이공학부를 수석으로 졸업할 때 어머니 한복을 입고 간 적이 있다.

어려운 시절을 산 육 여사는 비록 퍼스트 레이디이더라도 검소와 절약이 몸에 배어 있었다. 한번은 혁명 직후 최고회의 의장 시절 공관의 마룻바닥이 하도 낡아서 수리하러 온 목수의 일손을 멈추게 한 적이 있었다. 전날 보았던 판자촌이 생각났기 때문이다. 공관 마루도 중요하지만 불우한 국민을 구하는 일이 더 급하다고 생각해 일하러 온 사람을 돌려보낸 일이 있다고 박근혜는 『나의 어머니 육영수』에서 적고 있다. 저우언라이가 기억되는 것은 이 대목에서다. 육 여사가 그 공관에서 남편의 월급에 맞추어 가계부를 써 가며 무리하지 않은 생활을 한 것은, 고기반찬이 나왔을 때 형편이 그렇지 못한 것을 안 저우언라이가 식사를 거부한 일을 떠올리게 한다. 영양 상태가 나빠진 저우언라이를 위해 아내가 고기를 갈아서 몰래 음식에 넣곤 했던 검소한 생활 속에서 존경과 위대함이 나온다는 것을 역사는 보여 준다.

박근혜의 큰 뜻이 어머니에게서 나왔는지는 알 길이 없다. 그러나 성실 이상의 슬기는 없다고 가르친 어머니의 깊은 뜻이 유전자로 체화되었을 것이 분명하다.

리더의 딸

리더의 어머니들도 훌륭하지만 리더의 딸들 역시 여성으로 역사상 큰일을 한 경우가 많다. 여성 리더들은 모두 어머니의 딸이지 않은가? 대통령은 아니지만 미국 부시 대통령 때 국무장관을 지내며 중동 국가들이 위기에 처할 때마다 현장에 달려가 정상들과 숙의해 문제를 풀곤 했던 콘돌리자 라이스의 자서전(『최고의 영예』)이 최근에 나왔다. 여기에는 부시 선거운동에 참여할 때부터 겪은 어려운 이야기를 아버지와 의논하는 내용이 초반부터 나온다. 부통령 후보로까지 거론될 정도로 출중한 리더십을 갖춘 미국의 한 여성 리더는 일하며 만난 정상들이나 장관들, 그 밖에 참모들을 꿰뚫어지게 관찰하며 평가하고 있다. 그 자신도 강인한 카리스마와 부드러운 리더십으로 한 시대를 풍미했다.

다른 나라의 예도 많겠지만 여기서는 몽골 제국의 딸들 이야기만 하기로 한다. 칭기즈 칸에게는 아들 넷이 있었지만 딸이 몇 명이었는지에 관한 기록은 분명하지 않다. 그러나 사위를 여덟 명이라고 한 것을 미루어 볼 때 여덟 명의 딸이 있었다. 부인은 부르데었다. 칭기즈 칸의 아들 넷은 콧대만 높았고 전투를 그리 잘 치르지 못했다. 음주에는 비범했다고 전해진다. 반면 딸들은 그중 네 명이 왕비 자격으로 나라를 다스렸고 대규모 군대를 지휘했다. 딸 한 명은 문자를 깨쳤다. 나머지 딸들은 학자, 학교, 종교와 교육에 관한 서책의 발간을 지원할 정도로 문화에 관심이 많았다.

인구 100만 명에 10만에 불과한 전사들이 유럽 대륙을 누빌 수 있었던 것은 몽골 여성들의 국가경영 능력이 탁월했기 때문이다. 당시 몽골은 제국이라기보다 다국적 기업에 가까웠다. 술주정뱅이 아들들보다는 딸들에게 역할이 더 주어진 셈이다. 칭기즈 칸은 아내, 며느리, 딸들을 붉은 불꽃처럼 다채롭고 화려하다며 아꼈다. 칭기즈 칸은 요즘의 정략혼처럼 동맹 전략 수단으로 딸들을 시집보냈다. 믿을 만한 딸을 출가시켜 임무를 맡겼다. 사위들이 칭기즈 칸을 따라 전장을 누빌 때 몽골 왕비는 부족을 관리했고 문물제도를 정비했다. 그 중 둘째 딸, 알라카이 베키는 몽골 제국의 도시 원형을 세웠다. 유통체계도 확립해 실크로드의 바탕을 마련했다.

몽골의 딸들은 평시에 아이를 키웠고 전시엔 활을 잡고 말을 몰았다. 전장에서 병사를 지휘했고 형사재판에서 판관을 하며 당당했다. 문화적 자존심도 강해 얼굴 베일이나 전족을 경멸했다. 이들의 머리 장식, '보크타'가 유럽에 전파되기도 했다. 푸치니의 오페라 〈투란도트〉가 칭기즈 칸의 고손녀 쿠룰룬 공주가 모델인 것은 널리 알려진 사실이다. 이들의 피는 고려에도 이어져 충렬왕은 원 세조 쿠빌라이의 딸(제국대장공주)을 신부로 맞았고, 충정왕까지 고려 '충忠' 자 이름의 여섯 왕들은 모두 칭기즈 칸의 직계 보르지긴 가문의 사위들이다.

이러한 유능한 딸들에게도 사단은 일어난다. 아버지 사후 형제들 간의 알력으로 사이가 벌어진 틈에 며느리가 등장한다. 형제 갈등의 뒤에 아내, 즉 올케가 있었다. 술에 빠지고 잔인한 학살극을 벌인 우구데이와 넷째 아들 톨루이 대신 각각 아내 투레게네와 소르각타니가 권력을 잡고 복수극을 벌인다.

며느리들 역시 여성이고 동시에 사돈댁 딸이다. 여성들 간에도 권력투쟁이 만연하는 역사를 우리는 기억한다. 여성 리더라고 인간으로서 완벽하고 태평성대만 펴는 것은 아니다.

여성적 가치가 지배하는 인지문명 시대

여성 리더 또는 여성 대통령의 본격적 등장을 예견하면서 여성에게 독특한 가치에 관한 이야기, 그리고 여성이 더불어 공존의 지혜를 얼마만큼 짤 수 있는가에 관한 이야기를 좀 해야겠다. 그리고 삶의 가치로서 행복과 미덕에 관한 이야기도 곁들인다. 박근혜가 특히 국민의 행복 이야기를 강조하기 때문이다.

클라인, 콜레트, 아렌트가 공통적으로 말하는 여성의 가치적 특성은 첫째 유대, 둘째 희열로서의 사유, 셋째 시간에 대한 이해 등이라고 줄리아 크리스테바는 말한다.[22] 여성들이 어떤 성취를 했더라도 그녀들이 중요시하는 가치는 자아도 아니고 고독도 아니고 유대라고 이들은 말한다. 이들은 차이에서 비롯된다고 생각한다. 프로이트도 말했듯이 유아는 타자, 이

경우 어머니와 유대관계를 맺기 시작한다고 한다. 만일 부부 관계가 파괴된다고 하더라도 그 너머에 존재, 우주, 동물, 유아 등과의 유대를 발견하기 위한 것이라고 말한다. 역시 유대가 여성들에게는 공통분모인 셈이다. 박근혜가 국민 대통합을 해낼 수 있는 근거이다.

여성은 삶과 육체적 경험으로서의 사유라는 관념 속에 있다는 것이다. 이때 사유는 희열felicite로서의 사유라고 한다. 이는 관념, 말, 정신분석적 치료 또는 글쓰기와 연루되는 것인 동시에 감각적인 것, 충동적 욕구, 성과 연루되는 것이라고 생각한다는 뜻이다.

여성은 또한 시간에 대한 이해가 남다르다. 시간을 죽음의 시간이 아니라 시작(탄생)의 시간으로 받아들여 자유의 존재론적 토대에 대한 정당성을 부여한다. 자유를 어떤 위반이 아니라 시작할 수 있는 가능성으로 받아들인다.

크리스테바는 여성의 독특성을 삶에 대한 관심, 감각적 경험으로서의 사유에 대한 관심, 개화의 시간에 대한 관심 등으로 규정하고 세 여인의 주장을 받아들이면서 여성 각자의 독특성을 위한 투쟁을 인정한다. 그러나 만일 여성의 존재를 확인하는 이 독특성에 대한 추구가 사회적 연대 내지는 세계적 연대에 대한 하나의 걸림돌이 된다면 어떻게 하겠는가에 대한 답을 내놓아야 한다.

여성은 남성보다 훨씬 복잡한 성숙 과정을 거쳐 구성된다는 사실을 인정해야 한다. 그래서 한 여성이 무엇을 원하는가를 물었을 때 헤겔이 '공동체의 영원한 아이러니로서의 여성'이라고 말했는지 모른다. 어쨌든 여성 자신이 독특성을 추구하든 자신을 초월하려고 애쓰든 이들 모두를 인정하는 전제하에 여성의 리더십, 정치력도 인정해야 하는 것이 아닐까? 거기엔 물론 남성과의 이중성, 이원성에 대한 초월도 전제되어야 할 것이다.

그런 가운데 여성 지도자가 특히 행복과 미덕을 강조하며 국민에게 보장하겠다고 약속하기에 이에 관해 약간의 언급이 필요하다고 본다. 아리스토텔레스는 행복은 인간으로서 사신의 역할을 수행하는 것으로 정의하고 이것이 바로 미덕이라고 했다. 미덕에는 학습을 통해 얻는 지적 미덕과 실천을 통해 습득되는 도덕적 미덕이 있다. 지적 미덕은 마음의 정수가 지식이라는 언술과 통한다. 이때 지식에는 신에 대한 지식이 포함되고 미덕에 대한 추구는 자연스러운 것이라고 믿는다. 한편 도덕적 미덕은 거저 생기지 않는다. 실천을 통해 얻는다. 그렇다고 실천과 연습만 잘하면 도덕적 미덕이 굴러 들어올 것이라고 생각하면 큰 오산이다. 미덕을 일으키는 세 가지 요소에는 아름다움, 이로움, 그리고 쾌락이 있기 때문이다. 미덕은 쾌락의 차원에서 보면 최선의 행동이기에 조심하지 않으면 안 된다. 그래서 스피노자가 미덕을 신과 연결시키려고 애썼던 것이다. 대선주자들, 특히 여성 리더가 행복을 강조하고 국민에게 보장하려고 애쓸 때 이것이 물질로만 완성되지 않는다는 점을 동시에 각인시켜야 한다.

다가오는 인지문명 시대에는 여성의 역할이 따로 있다. 정복과 권위의 세기는 끝나고 여성적 가치가 지배하는 '조절'의 시대가 도래하기에 여기에 관한 이야기를 빼놓을 수 없다.[23] 이는 앞의 여성 시대 가모장적 권위주의의 등장 가능성을 경계하고 공존의 지혜를 짜야 한다는 대목의 그림으로 설명이 대체될 수 있다.

인간 종은 인구수를 조절하고 자신과 자연의 관계를 조절하며 살려고 애쓴다. 그런 가운데 분명한 것은 정복적 과학의 시대와 19세기 도구적 합리주의 시대에 가치 있었던 과학적 패러다임의 시대는 가고 인지적 패러다임의 시대가 전개되고 있다. 이를 인지문명의 시대요 인지문명의 혁명이라고 말한다. 여기 세상에는 상이한 해석을 하는 다른 주체들이 등장하고, 이들 주체가 상호 인정하고 상호 의사소통의 문제를 극복하려고 한다. 이런 가운데에는 페니키아에서 내적 대폭발이 일어나고, 영국에서 산업혁명이 일어나고, 인도에서 부처가, 중국의 노자가 등장하듯이 기술 체계상의 거대한 변화에는 반드시 정신성의 영역에 거대한 변화가 일어나는 것이 상례이기 때문이다.

인간 문명은 물질과 에너지라는 수평축에 기대어 발달해 왔다. 그러나 이제부터는 '시간의 구조화'와 '생명체와의 관계'라는 수직축까지 생각하지 않으면 안 되게 되었다. 이를 인지적 문명이라고 한다. 앞으로 다가오는 이 문명 세계에서는 생산만이 아니라 인정과 깨달음이 더 소중해진다. 여성 리더들이 꼭 알아야 하고 실천할 수 있는 과제다.

여성 리더십 함양을 위해

여성이 리더로서 충분한 조건을 갖추고 있다고 본다. 리더의 역할을 꿈꾸며 정진하면 그렇다. 여성의 뇌량이 남성보다 굵고 지혜롭다는 것을 많이들 수긍한다. 여성은 또 남성보다 정직하다. 국민을 어여삐 여기고 사랑할 줄 안다. 그리고 자질로서 필요한 조건인 고독할 줄 안다. 리더들이 보통 바삐 시간을 보내지만 고독할 줄 알아야 한다는 것이 최근 이론이다. 자기 성찰의 시간을 더 가지라는 뜻이다.[24]

여성이 큰 조직 관리나 정책수립에서 남성만 못하다는 것도 편견이다. 여성은 시야가 좁고 사고의 폭도 그렇다는 편견이 없지 않으나 잘못된 생각이다. '노력과 정진의 세계'에는 성 구분이 없다. 리더들은 고독하되 일은 혼자서 하지 않는다. 남성 리더가 훌륭한 참모를 필요로 하고 이들의 도움을 받는 것이나 여성이 그렇게 할 수 있는 것과는 별반 차이가 없다.

리더가 갖추어야 할 '흥어시 입어예 성어락興於詩 立於禮 成於樂'에서도 여성이 앞선다. 시로 흥하고 예로 서며 즐거움으로 완성된다. 여성이 시감에서 앞선다는것은 누구나 인정한다. 논리와 논리를 넘어 공감에 이르는 길이 여성에게 더 열린다. 음악을 비롯해 즐거움으로 끝날 줄 아는 것도 여성쪽이 강하다. 여성이 심미안이나 예술성에서 앞서 세상을 아름답게 꾸밀 수 있다는 내 생각이 편견이 아니기를 바란다.

그러나 이를 더 함양하기 위해서는 좀 더 해야 할 과제가 있다. 즉 세상의 원리를 더 터득해야 한다. 실재가 무엇인지를 알아야 한다. 패러다임의 변화가 정책과 어떻게 연관되는지 더 깊이 이해하고 실천할 수 있어야 한다. 참모와 한 팀이 되어 융합하고 울력蔚力을 발휘할 수 있어야 한다. 더불어 살고, 나눌 줄 알아 자기중심성에서 벗어나야 한다. 크게, 깊게, 길게, 바르게, 아름답게 세상을 꾸밀 수 있어야 한다.

여성 리더십과 남성 리더십

2000년대 초반 박근혜가 서울대학교 공과대학이 개설한 '최고산업정책과정'에 등록했을 때 나는 특강을 한 자리에서 "여성은 뇌량이 남성보다 굵어 좌뇌와 우뇌가 서로 기능적인 지원을 잘하기 때문에 여성이 남성보다 말을 잘한다. 그러나 유감스럽게도 여성은 공간지능이 남성만 못해 만일 앞으로 대통령이 되시면 남성 보좌관의 도움이 필요하겠다"고 농담 섞인 이야기를 한 적이 있다.

그러나 남성과 여성의 차이는 뇌에만 있지 않다. 여성들은 전통적으로 희생하고, 조화감각을 이끌어 내며, 배려를 잊지 않는 등 세상을 협력적인 분위기로 조성하려고 흔다. 또한 여성만의 독특한 안목은 공동체를 변화시키기도 한다. 이렇듯 여성에게 고유한 조화와 협력, 성실성, 포용력 등을 여성 리더십의 특성으로 들 수 있다. 지금까지 남성 중심으로 진행되어 온 리더십이 배려나 관계성, 소통과 공감, 협력적인 요소가 부족했다는 데 대한 반성인 것이다. 이런 이유로 여성 리더십 이론 권위자인 바바라 켈러먼과 데보라 로드는 여성적인 특징을 이중구속이 아니라 오히려 위대함이라고 말한다.[25] 온화하고 협력적이고 부드럽고 친절한 여성의 특성을 숨기지 않고 반대로 위대하다고 부각시키는 것이다.

이런 특성들을 지닌 여성 리더들은 끼와 본능이 있다고 말하는 로이스 P. 프란켈은 마거릿 대처, 힐러리 클린턴, 칼리 피오리나, 오프라 윈프리, 마더 테레사, 코레타 스콧 킹 등을 들고 이들의 공통점으로서 명확한 비전과 전략에 맞는 전술을 구사하는 능력, 리스코를 감수하고자 하는 의지, 다른 사람의 마음을 움직이는 화법, 의욕을 북돋고 동기를 부여하는 코칭술, 비전을 달성할 팀을 구축하는 능력, 높은 호감지수와 감성지수, 새로운 사업에 도전하는 용기로 들었다.[26]

힐러리 클린턴은 스마트 리더십을 강조한 것으로 널리 알려졌다. 그녀는 소통의 리더십을 가졌기 때문에 최고의 롤모델이 될 수 있다고 말한다. 힐러리는 국무장관에 취임한 후 '여성의 리더십은 변화를 가져온다'는 사실을 보여 주었다는 것이다. 《뉴욕타임스》는 힐러리 클린턴이 "기존 국무장관이 해 왔던 틀에 박힌 외교를 깨고 정해진 대본을 집어던지면서 외교의 정의를 다시 정립했다"고 평가한다. 한 예로 힐러리 클린턴이 인도네시아 자카르타의 빈민 지역 페토조를 방문했을 때 공사 중인 하수구에서 악취가 심하게 났는데, 그런 길을 따라 걷는 힐러리 클린턴의 뒤를 주민들이 따라다녔다. 그때 힐러리 클린턴은 "나에게는 이것이 외교이며, 내가 생각하는 외교는 정부와 정부 간에 통하는 것만이 아니라 사람과 사람 간에 소통하는 것"이라고 말했기 때문이다. 미국에 대한 긍정적 인상을 남기는 데 충분했던 것은 물론이다.

여성 리더십은 전통적인 리더십 모델과는 다르다. 즉 카리스마적인 리더가 조직을 통제하고 권위를 행사하는 '가부장적 리더십'이나 구성원에게서 권위적인 존경과 의존을 이끌어 내는 '부성 리더십'과 달리 경쟁보다는 협동을 중시하며, 위계 조직 대신 팀 중심의 수평적인 구조를 선호한다. 양적 성장보다는 질적 결과물을 중시하며, 문제 해결은 직감과 합리성에 의해 이루어진다. 또한 직급 간 통제를 최소화하고, 조직 구성원 간 감정이입과 협동을 통해 높은 수준의 수행 결과를 추구한다.

그래서 여성 리더십을 '분담 리더십'이라고 부르기도 한다. 이는 리더가 한 사람이 아니라 구성원 모두를 리더로 보는 것이다. 구성원들은 유기적인 관계를 통해 조직의 목적을 달성해 나간다. 이런 측면에서 21세기 리더십을 말하는 '공유한 리더십shared leadership'과 통한다. '베타 리더십'도 여성 리더십에 속한다. 데이비드 슈워츠는 전통적인 리더십을 '알파 리더십'이라고 하고, 새로운 리더십을 '베타 리더십'으로 구별했다.[27] 알파 리더십은 분석적·합리적이며 양적인 사고에 기초하고 위계적인 권력 관계에 의존하는 반면, 베타 리더십은 통합과 직관, 질적 사고, 적응적 지원 관계에 의존한다. 베타 리더십은 남성보다 여성에게 더 자연스럽게 나타난다.

'상호적 리더십'은 여성 리더십을 나타내는 또 다른 용어다. 상호적 리더는 구성원의 발전을 이끌어 내면서 그들의 자기 가치를 높이고자 하며, 과제 수행만큼 구성원의 복지를 중시하는 리더다. 또한 여성 리더십의 새로운 이론으로 샐리 헬게센의 '통합의 거미줄' 이론이 있다.[28] 리더는 거미가 거미줄을 엮듯이 중심에서부터 주변으로 나가면서 새로운 줄을 연결하고 기존의 줄을 강화시키는데, 이때 리더는 통합의 거미줄을 짜는 건축가에 비유할 수 있다. 리더의 수단은 강제하는 힘이나 능력이 아니라 조직 구성원에게 지속적인 대화의 기회를 제공하는 것이다. 헬게센에 의하면 여성은 사람들을 거미줄과 같이 통합해 내는 관계 기술을 갖고 있다.

여러 리더십 중에서도 '섬기는 리더십'은 여성 리더십과 공통점이 많다.[29] 이것은 타인을 배려하고 섬긴다는 뜻으로 타인에 대한 생각을 바꾸지 않으면 조직의 효과성을 높일 수 없다는 시대적 요구를 반영하고 있는 것이다. 이는 남자는 과업 주도적 행동을 하고, 여자는 배려적 행동을 보인다는 것과 연관 지을 수 있다. 남성은 명령과 통제에 기반을 둔 리더십 스타일을 선호하고, 여성은 사회적 상호작용에 기반을 둔 리더십 스타일을 선호하기 때문에 여성이 섬기는 리더에 더 적합한 특성을 보이는 것이다.

또한 여성은 공감의 능력을 지니고 있다. 이는 심리학 용어인 '카멜레온 효과'와 통한다. 이는 경청을 잘해 주는 사람처럼 공감력이 뛰어난 사람 앞에서 자신을 모두 드러내게 되는 심리적 특성을 일컫는 말이다. 이렇게 공감력이 뛰어난 사람을 '카멜레온 인간'이라고 부른다. 카멜레온처럼 색깔을 여러 가지로 바꾼다는 것이 일관성이 없어 나쁘다는 뜻이 아니다. 주위 환경에 맞추어 적절히 자신을 대응시키고, 무엇보다 그 변화에 관심을 가지고 있다는 것을 의미하기 때문이다. 이런 능력이 여성에게 훨씬 더 강하다.

남성 리더십과 여성 리더십의 차이는 문학작품에서도 찾아볼 수 있다. 물론 남성적 리더십을 가진 여성 리더도 존재한다. 박경리의 작품에 나오는 여성들이 대표적이다. 『토지』의 최서희는 강한 여성의 모습을 보여 주는 인물이다. 서희는 고아가 된 상태에서 최씨 집안의 재산을 차지하려는 조준구 일가에 용감하게 맞서고, 간도로 건너가 스스로의 힘으로 거부가 된다. 결국 고향에 돌아와 조준구에게 빼앗긴 토지를 되찾는 데 성공한다. 소설판 '철의 여인'인 셈이다. 『불신시대』의 진영 역시

아들을 진료하는 병원과 아들의 위패가 있는 절의 비리를 알고, 아들의 위패를 태우면서 저항하려는 모습을 보여 준다. 그러나 진영은 빈민가의 소녀를 생각하며 타자를 인식하고 공감하기도 하는데, 이는 여성 리더십의 특성을 보여 주는 것이다.

여성 리더십의 특성을 분명하게 보여 주는 예는 최명희의 『혼불』이다. 『혼불』에 나오는 청암부인이나 효원은 유약하고 무력한 남성 인물인 준의나 강모와 달리 부드러움과 강함을 동시에 지닌 인물이다. 쓰러져 가는 매안 이씨 가문을 세우고 마을을 위해 저수지 공사까지 감행하는 청암 부인의 추진력은 청암부인을 닮은 인물인 효원에게로 이어진다. 그렇기 때문에 청암부인은 가문을 이어 갈 사람으로 강모가 아니라 종손부인 효원을 택하는 것이다. 그러나 이들은 무조건적인 양반의 권위의식을 가지는 것이 아니라, 타인의 어려움을 공감하고 배려하는 면모 또한 지니고 있다. 청암부인이 만든 저수지는 온 마을 사람들을 위한 물을 제공하며, 청암부인은 자신의 곳간을 털러 온 천민인 부서방에게 쌀을 가져가게 한다. 가난한 아낙의 제삿날을 기억해서 제수를 보내는가 하면, 마을 사람들에게 곡식을 베푸는 데도 인색하지 않다. 이는 지배와 권위보다는 조화와 협력을 중시하는 포용력을 보여 주는 여성 리더십의 표본이라 할 수 있다.

여성 리더들로 미래는 밝아질 것이다. 앞으로 여성 리더들은 늘어날 것이다. 우리나라에서도 전통적인 리더의 자질뿐 아니라 배려와 존중, 감성과 소통의 능력과 관련되는 여성 리더십까지 고루 갖춘 여성 리더가 등장할 날이 머지않았다. 이들이 갖춘 결단력 또한 남성 못지않을 것이다.

8

CHAPTER

1차 목표,
당선을 위한 과제

2012년 대선이 눈앞에 다가왔다. 어떻게 하면 대통령이 될까? 대통령이 되기 위해서는 선거를 열심히 치러야 한다. 어떤 자질들을 갖추고 어떻게 행동해야 하는가는 앞의 글에서 여러모로 가려 본 바 있다. 말로 하는 연설만 잘해서 되시 않고 비언어인 몸짓도 중요하고 상황맥락감각이 빼어나야 하고 전체 이미지가 승부를 가린다는 이야기를 했다. 역사의식을 바탕 삼은 비전 메이커여야 함은 물론이다. 정책이 수용되는 등 뭐든지 다 잘해야 하지만 당락은 아무래도 국민이 얼마나 신뢰하는가로 가려질 것이다.

대통령이 된 후 국정을 잘 이끌어 훌륭한 지도자가 되고 역사에 남는 성공한 대통령이 되기 위한 조건은 다음 장에서 밝히지만 서로 겹치는 부분이 많다. 이 점을 전제로 하고 여기서는 우선 당선에 필요한 요건 등을 가리고, 다음 장에서 성공한 대통령으로 역사에 기록되려면 어떻게 해야 하는가를 살피기로 한다. 먼저 당선을 위한 필요충분조건은 무엇일까?

① 오는 2013~18년의 기간 동안 국내·국제 사회가 어떻게 변할 것인가를 예측할 수 있어야 한다. 「한국 2030」 보고서들에 의존할 수 있지만 패러다임의 변화를 예의 인식하지 못한 보고서가 태반이다. 대통령 후보 캠프 역시 미래를 학술적, 과학적, 전 우주적으로 조망하지 못하고 있다. 그러니 대통령에 당선된들 과거 문제를 과거 방식대로 대처할 것이므로 문제가 풀릴 리 만무하다. 당선되려면 생각과 방식부터 새 시대에 맞게 바꿔야 한다.

② 거기서 대통령으로서 내가 무엇을 할 수 있고 무엇을 할 수 없는지, 또 당대에 못하니 무엇을 준비해야 하는지를 밝혀야 한다.

③ 미래 대통령은 과학을 모르고는 힘들다. 리처드 뮬러의 말대로 핵전쟁, 기후변화 등 11가지 소제에 익숙해 과학 지식과 정책에 자신이 있어야 한다. 이런 주제뿐만 아니라 대통령은 앞으로 과학기술이 전과 달리 괄목하게 증대되고 변하고 또 사회와 인간을 변화시킬 테니 그 의미를 파악해 국가의 미래를 설계하고 현실 문제와 겨루어야 한다. 이보다 더 중요한

것은 대통령이 과학적 마인드를 갖는 일이다.

④ 정당 배경 없이 당선은 될 수 있다고 해도 대통령이 된 후에 국정수행이 사사건건 당들의 반대에 부딪혀 힘들어진다. 물론 정당에 적이 없는 무소속이 대통령으로 당선될 수 있다. 그러나 비록 당선된다 해도 넘어야 할 장벽이 많다. 역대 대통령이 고전하는 것 중의 하나가 여소야대 국회 구성에 건건이 야당이나 같은 당 여당 안에서 견제받는 것 때문이다. 스스로 정치를 멀리하고 여의도에 좀처럼 가지 않으려고 한다면 당선시키지 말아야 한다.

오바마는 백악관에서나 승용차 안에서나 또는 비서실장을 시켜 늘 야당과 통화하며 설득하고 호흡을 맞추려고 노력한다. 야당 지도자를 백악관에 초청하는 것은 일과가 되었다. 만일 안철수가 대통령에 당선되더라도 그는 한국 정치를 구하는 메시아가 될 수는 없다. 오히려 어느 부산 출신 교수의 말처럼 노무현 정부 때보다 더 케오틱해질 수 있다는 점을 본인이나 유권자는 가릴 줄 알아야 한다. 정치적 배경 없이 정치활동을 할 수는 있겠지만, 현재의 한국 상황이 해방 직후도 아니고 전쟁의 폐허에서 살아난 형국도 아니다. 안철수의 말대로 한국 정치나 정당이 더 이상 회생의 길을 찾기 어렵다는 것이 사실이라고 하더라도 그 책임을 정치나 정당에만 돌리지 말고 지금까지 그들을 뽑은 유권자에게도 책임이 있음을 분명히 해야 한다. 앞서 언급했듯이 안철수 개인은 말콤 글래드웰이『아웃라이어』에서 한 말 그대로 1만 시간 정치를 하면 좋을 것이고, 따라서 10년 정도 정당활동을 한 다음 대선에 출마하는 것이 정답이 아닐까 한다.

⑤ 참모진, 즉 팀이 완벽해야 한다. 대통령 후보 자신은 인간으로서 불완전하지만 팀은 완벽할 수 있다. 적어도 완벽을 지향해야 한다. 여러 계제에 주장하는 것이지만 옥스퍼드대학교 템플턴 칼리지에 있는 전략리더십센터에 걸린 모토는 '우리는 불완전한 개인이 만나서 완벽한 팀을 이룬다'이다. 팀이 완벽하려면 지략만으로는 안 된다. 오히려 순정부품이 틈 없이 맞아떨어져 잘 굴러간다.

⑥ 그러려면 팀이 잘 구성되어야 한다. 나는 어느 후보에게 대통령이 되고 나서 인사팀이 검증해 장관 등 최고위직 인선을 하기 전에 대선 팀 구성 때부터 인사검증을 해야 한다고 권고한 적이 있다. 현실화하기는 쉽지 않은 일이지만 대통령으로서 국정수행에서 좋은 점수를 받고 성공한 대통령으로 평가를 받으려면 인사를 잘하는 것이 출발이다. 그런 팀이라야 국민의 믿음을 살 수 있다. 팀 이야기는 다음 장에서 더 하기로 한다.

21세기 리더십은 '팀리더십' 또는 '파트너십'이다. 권력을 나누어야 한다는 뜻이다. 후보자 혼자서 잘나면 안 되고 팀이 건실해야 한다. 부족한 점을 서로 보완해 울력을 발휘해야 한다. 그러나 대개는 층이 생기고 소통도 안 되며 서로 견제하고 충성 경쟁하고 호가호위狐假虎威하는 실세들이 자리 잡게 마련이다. 게다가 이들 중 심해에 득실거리는 상어 떼에 물려 부정에 연루되어 주군을 망치기도 한다. 유권자는 후보자 개인을 보고 표를 던지지만 일은 대통령이 참모와 함께 한다. 대통령의 통치 능력 중 일과 권한을 참모들에게 얼마나 잘 위임하느냐가 중요하다. 그러니까 후보자는 좀 부족해도 정직하고 시대를 읽을 줄 아는 참모가 많은 팀이 당선된다.

⑦ 대통령이 될 사람은 세상과 호흡해야 한다. 특히 바다 민심을 느낄 수 있어야 한다. 김문수 지사처럼 택시를 몰아도 알 수 있겠지만 기왕 하려면 저우언라이처럼 하는 것이 좋다. 그는 노동자들이 오후가 되면 발이 퉁퉁 부어 가죽신보다는 헝겊신이 필요한 이유를 신발 가게에 가서 설명한다. 동네 이발소에 가서는 손님 틈에서 차례를 기다린다. 만원 버스에서도 자리 양보를 마다한다. 때 되면 재래시장에 가서 아줌마 손 한번 잡는 제스처로 서민의 애환을 느껴 보려는 우리 식과 크게 다르다.

⑧ 약속과 신뢰의 화신이 되어야 하는데, 대선 후보들이 보통 자기 주장만 공약을 통해 하지 국민에게 짐을 지우려고 하지 않는다. 국민에게 당당히 요구하는 후보가 진정한 리더다. 나라는 대통령과 참모들이 운영하기에 너무 힘이 부친다. 국민의 도움으로, 국민의 의무를 완수하는 차원에서 대통령이 리더십을 발휘해야 한다. 그리고 자기 주장만 할 것이 아니라 공약을 이해할 수 있는 재정적 조건이 완수되어야 하는데 보통 여기에 관해서는 입을 다문다. 예를 들면 무상교육이나 반값 등록금을 약속하면서도 재원조달의 문제가 따르고 동시에 증세엔 입을 다물고 만다.

후보들 주장대로면 복지공약이 연 8~32조가 소요되는데 어떻게 하겠다는 구체적 준비가 없다. 지금 거론되고 있는 후보들 모두 예외 없이 복지를 약속하는데 이대로라면 복지 비용이 지금의 5배에 달한다. 박근혜는 증세에 대한 구체안 없이 27조의 복지를 약속한다. 민주당 주자들 역시 세금 인상 이야기는 하면서도 구체적 대안을 내놓기를 꺼린다. 그래도 문재인은 연간 최대 24조 원을 복지에 추가로 투입하겠다고 하면서, 재원의 50%는 세금 인상으로, 20%는 각종 부담금을 인상해서 한다고 한다. 안철수는 복지를 위한 증세의 불가피성을 이야기하고 '보편적 증세'를 강조한다.

대통령이 정책에만 매달려도 안 된다. 정책은 돈이 있어야 하고 때를 맞추어야 한다. 빚만 잔뜩 지면서도 정책을 바로 세웠다면 무상급식, 반값 등록금, 임대 주택, 사교육, 양극화, 재벌개혁 등이 벌써 해결되었어야 한다. 법과 제도, 정책은 문제를 여는 열쇠일 뿐 문제의 근본을 해결하지 못한다. 정책이나 사업이 제대로 이행되지 못하는 이유는 전체를 조감하는 능력이 부족하거나 사가 끼기 때문이기도 하다.

이상은 성공의 조건을 말하는 다음 장의 글과 중복되는 면이 없지 않으나 이건 이것대로 또 다음에는 더 자세히 대통령의 조건을 밝히기로 한다. 그리고 정치적으로 큰 인물을 보는 팁 몇 가지를 보태려고 한다.

관용과 포용, 통합의 리더십

대통령을 포함해 엘리트를 보는 방법을 지금까지와는 좀 달리했으면 한다. 그것은 다름 아닌 경력이 화려하거나 전문성이 강하다고 해서 반드시 대통령감은 아니라는 것이다.

"낯선 길에서 문득 돌아보니 희미해진 처음의 다짐들 / 내 곁에 머물던 많은 사람들 많은 바람들은 어디에 / 욕심이었을까 집착이었을까 허망해진 처음의 소망들 / 귓가에 울리던 목소리들 난 이 세상 어디에 서 있나 / 폭풍의 소리 들었네 태양의 외침 들었네 / 가고픈 길이 아니라 가야 할 길을 가라고 / 파도의 절규 보았네 하늘의 눈물 보았네 / 하고픈 일이 아니라 해야 할 일을 하라고 / 진정한 힘은 용서하는 것 다시 만나 큰 하나 되는 것 / 진정한 힘은 아름다운 것 너와 내가 큰 하나 되는 것(후략)"

2011년 11월 서울대학교 리더십센터가 3주년을 기념해 제작한 뮤지컬 〈대통령이 사라졌다〉의 마지막 합창곡, '아름다운 힘'의 가사다. 학생 때 나라를 일으키자고 다짐했던 의기들이 후일 대통령과 부통령이 되고 나서 권력을 잡으며 사랑과 뒤엉켜 갈등을 빚고, 비방과 음모가 난무하다 결국 부통령이 학생 때 잘못을 고백하며 서로 용서하고 큰 하나가 되는 줄거리로 '리더십은 봉사이고 권력은 아름답다'가 주제다. 이 책의 주제 그대로다. 권력이 아름답다고 말하는 사람을 본 적이 없다. 요즘 일부 정치인이나 정당의 모습 그대로 권력이 추하면 추했지, 권력이 남용되면 되었지 권력을 세상을 아름답게 꾸미는 데 쓰겠다고 하는 사람은 드물다.

특히 정치판에서는 온갖 수단을 다 동원하며 권력을 쟁취하려고 든다. 지금 우리 앞에 있는 정당들 모두가 다 그렇다.

용서하고 양보하여 공생할 생각은 하지 않고 대결에 대결을 거듭해 갈아엎는 생각만 한다. 이들은 명시적으로 복수의 칼을 갈고 판을 들어 엎겠다고 말한다. 국민경선의 이름으로 여론조사 조작하기를 떡 먹듯 하면서도 나는 민주주의의 신봉자이고 나라와 국민을 위해 봉사하겠다고 입으로만 떠든다. 이렇게 하면 하나가 될까?

수단과 방법을 가리지 않는 과정에서 등장하는 레토릭이 통합이다. 통합은 말은 쉽고 그럴듯하다. 하나가 되는 아름다운 형상이다. 그러나 통합이 그렇게 쉽게 된다면 이 세상은 편하고 온화하고 여유로울 것이다. 노예를 해방한 링컨이나 이교도를 인정한 간디가 통합의 상징으로 꼽히지만 통합의 역사상 표본은 앙리 4세다. 1598년 낭트 칙령을 내려 가톨릭을 국교로 선포하나 신교도의 자유로운 종교활동을 보장하고 공직에 임명해 관용의 리더십을 발휘했다. 그런 용단의 배경은 신교와 구교의 화합의 상징으로 거행한 한 신교의 수장 나바르의 앙리와 마르그리트 공주의 결혼식에서 왕실 실권자 카트린 드 메디시스가 교회의 종소리를 신호탄으로 신교도를 학살해 하루 희생자만 3000명에 이를 정도로 처참했던 역사 때문이다.

리더들은 예외 없이 통합을 외쳐 댄다. 박근혜도 대통합을 표방하고 있다. 그러나 당들은 선거에서는 승리한다 해도 원이 구성된 후 정책 사안에서 사사건건 부딪칠 것이 뻔하다. 남북 이슈, 한미 FTA, 재벌개혁, 무상급식 등에서 어디 하나 불협화음이 들리지 않을 것이라는 보장이 없다. 수단만 앞세워서도 그렇지만 구성원 각자의 자질이 의심스러운 인물이 많기 때문이다.

대통령은 어쩔 수 없이 다양한 인물로 구성된 정당, 의회와 돕고 견제하고 대결하고 갈등하고 화합하며 국정을 이끌 것이다. 그런데 대선에서 누가 당선되어도 현재 국회 판이 예전과 크게 다르지 않아 과연 대통령이 후보 때 약속한 대로 새로운 국정을 수행할 수 있을지 의문이 앞선다.

이제 판을 바꾸기는 늦었다. 유권자가 아무리 현명한 선택을 한다 해도 이 판에서는 뾰족한 해결책이 나오기 힘들어 보인다. 그렇다고 투표를 포기해야 할 것인가? 그러니 말하기는 거북하지만 당만 따라가지 말고 관용과 포용, 그래서 이념을 초월해 상대를 존중하며 진정한 통합의 길목을 넓힐 수 있는 인물을 선택해야 할 것이다. 그럼 누구를 선택해야 하나? 나밖에 모르는 화려한 경력자나 전문가보다 헌신과 봉사로 일관해 나보다 남을, 남보다 우리 모두를 Non mihi, non tibi, sed nobis 위해 진정한 하나가 되어 세상을 아름답게 꾸밀 인물을 찾도록 노력하는 것이 그 길을 앞당기는 방법이다.

대통령이 될 사람은 내가 얼마나 나 자신을 채찍질할 수 있느냐부터 자문해야 한다. 주어진 이익을 다 포기하고 세속으로부터 초연하며 경쟁자에게 관용을 베풀 수 있는가를 물어야 한다. 민주주의라는 것은 경쟁의 결과에 승복하겠다는 약속으로 그 과정에서 페어플레이를 하는 것이다. 그렇게 해서 만일 진다 해도 떳떳하고 그것이 이기는 것보다 더 훌륭할 수 있다.

미국에는 역대 대통령이 모이는 '대통령 클럽The Presidents Club'이 있다. 백악관 길 건너 라파엣 스퀘어에 자리 잡고 있다. 전직들이 워싱턴을 방문할 때 유숙하기도 한다. 거기서나 아니면 오벌 오피스 옆 방에서 만나 현직이 전직으로부디 정책 조언을 듣는다. 1981년 앙와르 사다트 이집트 대통령 국상에 갈 포드, 카터, 닉슨 등 전직 대통령끼리 미리 만난 곳도 여기다. 이들은 아무리 정적이었더라도 농담하며 서로 격려하기를 마다하지 않는다. 닉슨이 서거 직전 1994년에 보낸 편지를 클린턴이 두고두고 읽으며 어느 날 늦은 저녁에 전직 대통령을 직무실로 초치해 러시아와 중국 문제를 포함해 오벌 오피스를 어떻게 운영하는 것이 좋을지 고견을 듣기도 했다. 1953년 아이젠하워 대통령 정부 출범에 맞추어 발족한 이 클럽에서 존

슨 대통령이 겉에 나이트가운은 걸쳤지만 잠옷 바람으로 나
타난 매우 편안한 자리다.

앞으로 이 나라 대통령이 되는 사람은 참모를 넘어 마음의
문을 열고 누구보다도 많은 경험을 한 전직들과 어울려 지혜
를 짜낼 수 있어야 한다. 정적에게 관용을 베풀고 그들의 논리
를 존중할 줄 아는 아량만이 이 나라를 하나가 되는 민주국가
로 만들 수 있다. 우리 대통령들도 이렇게 할 수 있다면 국민
의 정치 혐오증은 훨씬 빨리 치유될 것이고, 경쟁은 있으되 공
존을 위한 경쟁이 보람 있음을 인지하게 될 것이다.

경쟁에서 빛나는 공존의 지혜

공존의 지혜를 터득한 리더도 뽑아 줄 만하다. 예외가 있긴
하지만 운동경기가 끝나면 양 팀 감독이 악수를 한다. 농구의
전창진 감독은 경기에서 패하고도 후배 감독의 어깨를 두들기
며 관용과 축하의 제스처를 한다. 거친 표정으로 인사를 나누
는 감독들이 없지 않지만 결과는 이미 주어진 것, 안타까움과
아쉬움, 희열을 잠시 덜고 인사를 나누는 예를 갖춘다. 참으로
보기가 좋다. 치열한 경쟁을 벌이다 이기면 좋지 않을 수 없다.
지면 낙담이 이만저만이 아니다. 경쟁 없는 사회에서 살고 싶

은 때가 한두 번이 아니지만 세상은 희소자원을 놓고 경쟁을 하지 않을 수 없게 짜여 있다. 그런 사회를 멀리해 도를 연마하는 인간군이 없지 않지만 대부분은 속세에서 경쟁의 소용돌이에 휩쓸리기 일쑤다. 대표적인 것이 선거다.

그러나 경쟁은 한 번으로 끝나지 않는다. 두고두고 이어진다. 경쟁에서 이길 때도 있고 질 때도 있다. 이길 때는 세상이 내 것인 양 흡족해하지만 그도 잠시 질 때가 반드시 온다. 이겨도 문제가 산적해 왜 이겼나를 자문하며 씁쓸해하는 적조차 있다. 경쟁에서 치달을 때는 목표지점에 선착만 하면 되는 것으로 생각한다. 지배의 욕구를 충족시켜 줄 마법이 거기에 기다리고 있다고 믿기 때문이다. 그러나 막상 오르면 허탈해진다. 내가 왜 그런 기를 쓰고 여기끼지 왔는가를 자성하게 된다. 세상에 만족이란 존재하지 않기 때문인지 모른다.

최고나 1등이 좋긴 하지만 누구나 최고를 선택하려고 들지 않는다. 펍에서 맥주를 마시다가 예쁜 여학생 여럿이 들어와 내가 점 찍은 여학생을 차지하고 싶어도 경쟁이 심하면 그 다음 차선책을 택하는 경우가 생겨 전체 균형이 이루어진다는 내쉬 이퀄리비리엄이라는 것이 있다. 수학자 내쉬가 이 이론으로 노벨 경제학상을 받는다. 영화 〈아름다운 마음Beautiful Mind〉이 이 이야기를 다뤘다. 이렇게 뭐든지 최고를 지향하지 않는 사람도 있어 전체 균형이 유지되고 평화가 지켜질 것이다.

대선은 정치권에서는 마치 죽기 아니면 살기의 살기등등한 싸움판 같다. 여야는 또 다른 차원의 힘겨루기를 시작할 것이다. 야당은 어떻게 해서든지 여당이 재집권하지 못하도록 현 정부와 상대 당 예비 후보자를 공격할 것이다. 여당 역시 정권을 재창출하기 위해 막강 전력을 동원할 것이다. 문제는 유권자의 마음이 어디로 움직이느냐이다. 앞으로 선거에서는 점점 유권자들이 매우 현명한 선택을 할 것이다. 내쉬 같은 사람이 있고 캐너먼의 말처럼 인간이 편협 덩어리이긴 하지만 흐름을 읽어 내는 능력이 있기 때문이다. 유권자들은 적어도 호오好惡를 가릴 줄 안다.

경쟁이 없을 수야 없겠지만, 대선을 계기로 정치인은 물론 국민이 알아야 할 것이 있다. 싸움은 하더라도 공존의 지혜를 나누어 갖지 않으면 모두 다 공멸한다는 사실이다. 피투성이가 되어 싸우고 나면 승자는 없다. 피릭 대왕의 승리같이 될 뿐이다. 그러니 대결해 이기긴 해야겠지만 페어플레이를 해야 한다. 함께 가는 것이지 따로 가는 것이 아니다. 공존은 인간 자체가 지혜로운 호모 사피언스homo sapience이면서 동시에 호모 심비오스homo symbios이기 때문에 가능하다. 지배의 욕구만 충족시키려 하면 한때는 가능할지 몰라도 잃는 것이 너무 많다. 그러니 조금씩 덜고 양보해 같이 가는 것이 결국 이기는 것이고 더 많이 얻는 것이다.

잃어버린 가치의 회복

나라가 어지러울수록 큰 인물이 나와야 질서가 잡힌다. 질서는 원칙 위에 자리한다. 제30회 런던 하계 올림픽으로 한국이 또 한 번 체육 강국임이 입증되면서 국가 위상 또한 급상승했다. 나라가 강국인 것은 다른 지표에서도 많이 나타난다. ① 경제력 세계 13위, ② 군사력 세계 6위, ③ 한국어 세계 12위, ④ 인구 세계 25위, ⑤ 국가 경쟁력 세계 22위, ⑥ 초고속 인터넷 사용 세계 1위, ⑦ 문맹률 1% 이하, ⑧ IQ 세계 1위 등이 그렇다. 또 수학이나 화학 올림피아드에서 우승도 하는 나라다. 모두가 노력하고 힘을 모은 결과인데, 우리가 주목해야 할 그 기본은 지난 300년간 믿고 지탱한 경쟁과 승리, 그리고 지배의 패러다임이다.

그렇다고 모두가 기대만큼 되지는 않는다. 국제경영개발연구원IMD, 세계경제포럼WEF, 세계은행World Bank 등의 평가에 따르면, 우리나라는 아직도 ① 세계 투명성 43위, ② 세계행복지수 32위, ③ 노사관계 생산성 53위, ④ 숙련 엔지니어 보유 수준 48위, ⑤ 정부 효율성 37위, ⑥ 기업 효율성 36위, ⑦ 금융시장 성숙도 80위, ⑧ 정치인 신뢰도 65위, ⑨ 정치 불안정 52위 등이다. 나라가 갖출 것을 제대로 갖추지 못하고 반목, 갈등, 분열, 양극화로 치닫는다.

왜 그럴까? 무엇보다 승리에만 집착하며 경쟁과 지배의 패러다임이 뒤를 받히고 있는 경제제일주의, 물신주의에 빠져 있기 때문이다. 그러면서 규격품 생산에 몰두해서다. 올림픽 승리에만 집착해 4~13세 어린 학생을 강도 높게 훈련시키는 중국의 사회주의 선수관리 방식과 선수를 국가가 관리하는 우리는 목표 달성의 집념에서 크게 다르지 않다. 자본주의 인재 양성 엘리트 교육이 몰인간적 규격품 생산이란 점 또한 비슷한 이야기다. 여유를 가지고 아이디어에 대한 열정을 불태우고 인물을 크게 키우겠다는 생각은 사라진 지 오래다. 이렇게 해서 잃어 버린 가치는 언제 어디서 찾을 수 있을까?

시의 아름다움, 찬연한 저녁노을, 교육의 지혜, 공직의 책임 윤리, 정의감 넘치는 용기 등 고귀한 가치들은 경제성장의 계산가치에서 빠져 있다. 고유가치는 저만치 내팽겨쳐 놓고 모든 것을 시장의 교환가치로만 보니 세상을 아름답게 만드는 요인들, 이른바 아리스토텔레스가 말하는 이타주의, 관용, 결속,

공공성, 우정과 사랑, 지혜, 시민정신 등 써서 고갈되는 상품이 아니라 쓰면 쓸수록 강해지는 근육과 같은 것이 외면당하고 있다. 마이클 샌델이 최근 책에서 지적하지 않았어도 세상에는 '돈으로 살 수 없는' 아름다운 가치가 무수히 많은데 우리 눈앞에 어른거릴 뿐 정책에 반영되지 않아 현재화하지 않은 것이 많다.

대선 후보로 거론됐던 사람들 중 장관, 도지사, 대통령 비서실장 등을 지낸 인물들이 있긴 하지만 그런 자리를 거친 것은 필요조건은 될지언정 충분조건은 아니다. 대통령이 되려면 역사관, 세계관, 가치관 등 철학과 사상과 이념에서 일가를 이루고 있어야 한다. 남이 써 준 자서전이나 정책 등으로 이념 성향을 내세우지만 천박한 쇼나 펼치며 홍보하는 이들에게서 플라톤, 율곡, 퇴계 등의 사상관을 읽을 길이 없다.

국가의 중요한 결정을 내릴 대통령 후보들이 전형적인 물신주의적 사고방식에 젖어 있고 경쟁, 소유, 성과 등 업적 중심의 사고에 몰두하고 낡은 지식에 21세기 변하는 패러다임을 따라가지 못하면 나라의 내일을 맡기기에 적절하지 않다. 대통령이 되려면 적어도 문제의 본질과 맥락을 놓쳐서는 안 된다. 표 모으려고 코미디 따라 하기보다 자신의 스타일대로 깊이에 깊이를 더해야 국민은 믿음을 담은 표를 선사한다.

국가를 보는 기존 인식과 패러다임부터 바꿔야 한다. 세워 놓은 목표를 달성하면 된다는 집착에서 벗어나야 한다. 크게 멀리 생각하고 잃어 버린 가치를 생활 속으로 가져와야 어제와 오늘과 다른 내일이 펼쳐져 다른 대한민국이 다가온다.

9

CHAPTER

성공하는
대한민국 대통령을 위한 제언

어떻게 해야 성공한 대통령으로 역사에 기록될 수 있을까? 고생 고생하며 대선에서 이기고 국가의 중책을 맡았는데 결국 말년에 가면 레임덕이라는 이름으로 쇄락하고 영榮이 아닌 욕辱으로 임기를 미치고 그 후에 옥고까지 치르는 일이 있으니 서로가 불만이고 부끄럽기 그지없다.

위대한 영혼의 소유자

어떻게 하면 아리스토텔레스가 말하는 '위대한 영혼의 소유자the great souled man, megalopsychos'가 되어 국민들로부터 두고두고 칭송을 받을 수 있을까? 뉴웰은 링컨과 처칠이 그럴 수 있었던 원인을 이들의 비정규교육에서 찾는다.[30] 링컨이 영리 추구에 집착해 야심이 순화될 것이라는 당내의 견해를 뛰어넘어 정치적 야심을 다스리며 고대의 확고부동한 시각으로 돌아올 수 있었던 것은 그가 주로 독학에 의존했기 때문으로 치부한다. 처칠 역시 그의 성격과 상식이 정규교육보다 더 중요한 요소였다고 해석한다. 성격이 두뇌보다 낫다는 생각도 한다. 권력욕이나 명예욕에 관해서도 링컨은 있는 그대로 본능으로 받아들이고 거기에 나라를 위해 희생할 정신이 담겨 있으면 된다고 본다.

우리나라 역대 대통령 가운데 그래도 성공했다고 평가받는 대통령은 박정희, 김대중, 이승만, 노무현 등이다. 그래도 대통령인데, 그래도 나라의 어른인데 그런 칭송이나 나력을 존중했으면 좋겠다. 그러려면 대통령 자신이 부단한 노력을 기울여야 한다. 그러나 혼자 힘만으로는 부족하다.

어렵사리 당선된 대통령이 임기 내내 고생하고 비난받는다면 이런 아이러니가 없다. 그래서 인수위부터 잘해야 5년간 준비된 임무를 수행할 수 있다는 취지에서 2008년 초에 희망제작소가 『인수위 67일이 정권 5년보다 크다』라는 책을 발간한 적이 있다.[31] 김영삼, 김대중, 노무현 세 정부에 걸쳐 각각 정권 인수위원회에 참여했던 인물들을 인터뷰해 지혜를 전수받으려고 했다. 당선된 대통령이 성공하기 위해 정부 인수를 어떻게 해야 하고, 정부 규모는 어느 정도로 해야 하고, 정책은 어떻게 가닥을 잡아야 하는가 등 귀한 이야기를 남겼다. 15명의 인물들을 각자가 인터뷰했는데 나는 1998년 초 김대중 당선인 시절 정부 조직개편 실행위원장을 맡았기에 인터뷰이 interviewee에 해당되면서도 이종찬을 인터뷰했다. 지금 생각하면 인수위가 중요하긴 하지만 어려운 일들을 그런 방식으로 단번에 해치우는 것이 현명했던가는 다시 가려 보아야 할 숙제다.

우리 인수위는 미국의 선례를 따른 것이다. 워싱턴에 있는 해리티지재단은 2000년 전후해 60명의 경험자들을 2년에 걸쳐 세미나를 하면서 어떻게 하면 대통령이 임무 수행을 성공적으로 할 수 있는가를 논의해 보고서와 책으로 냈다. 해리티지재단이 엮고 엘빈 펜젠버그가 편집한 『성공하는 대통령의 조건』이다.[32] 닉슨, 카터, 레이건, 클린턴 등 몇몇 대통령들이 당선되고 난 후 어떻게 국정운영에 임했는가의 경험을 통해 유익한 메시지를 전하고 있다.

이들이 다룬 소주제는 ① 정권을 성공적으로 인수하려면 어떻게 해야 하는가, ② 백악관을 잘 운영하려면 어떻게 조직되어야 하는가, ③ 조각은 어떻게 해야 성공하는가, ④ 대통령의 의제와 행정부의 정책이 어떻게 조화를 이루어야 하는가,

⑤ 세계에서 미국의 역할이 어떤 것인가의 비전에 따라 국가안보 의제 설정이 어떻게 되어야 하는가, ⑥ 입법부와 관계를 어떻게 설정해야 하는가, ⑦ 세계 최대 조직을 관리하는 대통령의 가장 중요한 의무는 무엇인가, ⑧ 국민의 지지를 받으려면 대통령의 의제를 어떻게 설정해야 하는가 등이었다.

이들 내용 속에는 정권 인수 때 서두르면 안 된다는 것, 비서실장의 역할은 어떠해야 한다는 것, 각료들의 인준이 성공하려면 어떻게 해야 하는가, 정책결정과 참모의 역할은 어떻게 조화를 이루면 좋은가, 행정부가 성공하는 길, 언론을 다루는 일, 핵심 집단과의 소통, 공무원을 다루는 법 등이 자세히 담겨 있다.

닉슨과 카터는 인수위 때 실수가 정권운영 내내 영향을 미쳤다. 클린턴은 여성을 법무장관에 임명하겠다고 서두르는 바람에 두 후보자 모두 불법 이민자를 고용한 이유로 인사청문회도 열지 못하고 낙마해 출범부터 껄끄러웠다. 케네디 역시 쿠바를 침공한 '피그 만 사건'으로 제3차 세계대전이 발발할 위험에 처하기도 했다. 선거 전부터 인사팀을 꾸리고 당선자 자격으로 워싱턴을 세 번 방문하며 현임 대통령을 만나고, 백악관 투어를 하고, 워싱턴 유력자를 만나는 등 뚜렷한 목적을 가지고 철저히 준비한 레이건의 사례가 좋은 모델이 된다.

정권 인수 때 잘못하면 임기를 망친다. 이때 대부분 선거로 탈진해 있거나 승리감에 도취해 오만해져 있기 때문이다. 작은 실수도 많이 하는데 그것이 그 후 큰 장애로 남는다. 취임식 입장권 한두 장을 더 주지 않아 임기 내내 원수처럼 된 참모진들의 이야기도 전해진다.

미국이라고 다르지 않아 후보 시절부터 정권 인수와 운영에 관한 준비를 세밀히 해야 하고 이때 중요한 요소는 말할 것도 없이 사람이라는 사실을 인정한다. 거기에 간과하지 말아야 할 것은 정부를 포함해 기업이나 대학 등 여타 대규모 기관에는 리더십이 바뀌더라도 지속적으로 내려오는 조직에 전래되는 '제도적 기억institutional memory'이 있어서 이를 존중해야 한다는 교훈이다. 우리의 경우 대개는 뒤엎거나 기록을 안 남기거나 해서 '점령군'으로 하여금 골탕 먹게 하는 일이 벌어진다. 그러나 다음 정부부터는 청와대의 기존 인력도 활용하는 아량과 지혜를 짜야 성공의 지름길이 열린다. 물론 작은 일, 큰 일 하나하나가 대통령의 성공 여부를 가르는 것이지만 이 중에서 제일 중요한 요인은 뭐니 뭐니 해도 국민의 지지다.

미국 이야기는 이쯤 하고 우리 이야기를 몇 가지로 정리해 보자.

다음 대통령에게 바란다

첫째, 사람 쓰기다. 대통령으로서 성공 여부를 가르는 열쇠는 어디까지나 인재를 어떻게 썼느냐이다. 사람 고르기가 쉽지 않고 잘 골랐다고 생각했지만 실패하는 경우가 허다하기 때문이다. 인재 고르기의 중요성을 공자를 통해 들어보면, 공자는 천하를 다스리는 데는 다섯 명 혹은 열 명의 현명한 신하만 있어도 된다고 했다. 주공 단周公 旦, 소공 석召公 奭, 태공 망太公 望 등을 이른 것이다. 그러나 이런 인재가 어디에고 있는 것이 아니다. 자리에 맞는 인물을 고르지 않은 것을 공자는 도둑질한 것이라는 표현을 쓸 정도로 격분한다. 공자가 기리는 대동사회가 2500년이 지나도 이루어지지 않은 것은 인재를 제대로 등용하지 못했기 때문이다. 전 정권의 실패를 뻔히 보면서도 현 정권들이 잘못을 계속 저질러 나라의 자원을 낭비하고 국격을 벼랑 끝으로 몰아넣는다. 초야에 묻혀 있는 인사를 발탁하는 하는 것이 정치에서 성공하는 핵심이라고 공자는 생각했던 것이다. 이덕일의 해석이다.[33]

나도 중앙인사위원회에서 일할 때(1999~2002) 인사 원칙을 조선조에서 쓰던 기본대로 입현무방立賢無方이라고 해서 현자를 고르되 지방은 무시하라는 뜻을 준수하려고 애썼다. 이승만 정부 때 각료는 대통령의 출신지인 황해도보다는 지금으로 말하면 수도권에 해당되는 인물을 6명이나 등용했다. 정부의 성패가 사람들에게 있으니 박근혜가 만일 대통령이 되고 성공한 대통령으로 역사에 기록되고 싶으면 대선 팀 중에서 많게는 50%, 적게는 30%만 국정 팀을 짜는 데 등용하고 나머지는 야당 또는 시민단체, 그리고 정부와 전혀 무관한 양심적인 전문 인재 등용을 권할 만하다.

둘째, 팀을 잘 짜야 한다. 훌륭한 인재들을 모아 놓고 팀워크가 안 되면 소용이 없다. 우리는 '더불어' 일할 줄을 모른다. 이것이 우리나라 엘리트들이 조직에서 애를 먹는 가장 큰 장애요소다. 청와대 내 비서진들 간에는 매일 암투와 경쟁이 벌어신다고 해노 과언이 아니나. 어씨 보면 충성 경쟁일 수 있겠지만 이들 참모는 다음 더 좋은 자리 모색하기를 다반사로 하고 동시에 자기네들도 팀이 있게 마련이니 이들의 뒤를 보살필 책임이 있기 때문이다. 게다가 이권에나 연루되는 날이면 끝장이고 팀은 서서히 와해되기 시작한다.

상대방과 경쟁에서 이겨야 함은 물론 주군에게 잘 보이려는 경쟁은 어쩌면 자연스러운 현상일지도 모른다. 대통령이 알아야 할 것은 바로 이런 팀의 본질이다. 대통령이 편애하는 인물이 있게 마련이고 그럴 경우 실세라는 말이 붙게 되는데 이 또한 팀의 사명을 망각하고 보좌라는 본질을 훼손하는 지름길이다. 앞에서도 누누이 강조한 대로 주군 자신은 인간으로 개인으로 부족한 것이 있고, 또 이를 메울 주변 인물들이 있어 전체가 '완벽한 팀'을 이룬다면 그 이상 좋을 수가 없다.

그리고 팀을 짜는 기본 원칙은 어디까지나 가까운 사람을 멀리하라는 피터 드러커와 경쟁자를 더 가까이하라는 만델라의 지론이다. 온갖 부정이 가까운 사람에서 비롯되고 시야가 좁아지고 집단사고의 오류에 빠지기 때문에 가까운 사람들이 늘 가까이 있다는 것은 그만큼 정부의 해악이 아닐 수 없다. 동시에 얻을 수 있는 것은 경쟁자에게서이지, 동일한 사고와 지지세력으로부터는 새로운 아이디어를 얻기가 쉽지 않다. 안대희를 앞세운 박근혜 팀의 정치개혁에 기대를 걸 만하다.

셋째, 2인자를 잘 선택해야 한다. 박정희는 '갈라놓고 지배하기divide and rule'에 익숙했다. 여러 참모들에게 적당한 역할을 주고 잘 수행하도록 하면서 서로 견제하도록 하고 충성심 경쟁까지 시켰다. 원래 오케스트라에서 제2바이올린이 제일 어렵다고 한다. 2인자 노릇하기가 어렵다는 것을 빗댄 말이다. 그런데 2인자 없이는 1인자가 제 역할을 해내지 못한다. 짝으로 제일 좋은 매치라고 평가를 받았던 예가 빌 게이츠와 스티브 발머다. 비슷한 배경을 가진 이들은 마이크로소프트 초기에 게이츠를 전적으로 보좌한 발머의 공을 결코 무시하지 못한다. 그 후 발머도 회장에 올랐으니 모두 성공한 셈이다.

여기서 교훈 한가지는 1인자가 통상 2인자를 잘 키우지 않는다는 점이다. 그러나 2인자도 언젠가는 1인자가 된다. 청출어람이라고 해서 2인자가 더 훌륭한 리더가 되는 경우가 많다. 우리나라 정치 지도자들도 2인자가 있기는 하다. 대통령 비서실장 등을 말하는데 악역으로 끝나는 경우가 많다. 그보다는 2인자 군을 길러야 한다. 그렇지 않기 때문에 당선을 위해 여러 사람에게 얹혀서 가다가 당선되더라도 훈수 정치에 제 몫을 차지하지 못하게 된다. 따라서 그런 정치를 지양해야 할 것이고 이런 의미에서 박근혜도 그가 여성이 되든 아니든 2인자와 함께 일하는 것이 바람직하다.

넷째, 테루아 리더terroir leader가 되어야 한다. 앞서 소개한 테루아 리더는 복잡한 표현이다. 내가 만든 말인데, 포도가 재배되는 흙과 자연환경 상태 모두를 아우르는 뜻이 담겨 있다. 대통령쯤 되려면 성취지향성 엘리트meritocratic elite로는 곤란하다는 의미다. 큰 인물이어야 한다. 머리만 좋고 그럴싸한 정책을 편다고 되는 것이 아니다. 농익어 성숙한 테루아 리더가 되어야 한다. 포도주는 포도가 어떤 토양에서 자랐느냐가 중요하다. 원래 흙이라는 뜻인 테루아는 토양만이 아니라 강수량, 태양, 바람, 경사, 관개, 배수 등 모든 환경조건을 아우른다. 토양이 80% 비중을 차지하는데 그것조차도 다른 조건 때문에 변한다. 프랑스 포도주를 기준으로 하면 지역이 해변인가 내륙인가로 나뉜다. 일교차는 해변은 섭씨 10도, 내륙은 19도, 일조량은 해변은 8시간, 내륙은 12시간, 강우는 해변이 8일, 내륙이 17일, 그리고 습도는 해변이 58%, 내륙이 71% 등이다. 같은 품종이라도 테루아가 다르면 맛이 다르게 마련이다.

포도 재배는 황태나 과메기를 숙성시키는 것과 비슷하다. 황태는 명태를 일교차가 큰 덕장에 걸어 차가운 바람을 맞으며 얼리고 녹이기를 스무 번 이상 반복해 말린 북어다. 과메기는 겨울철 청어나 꽁치를 막대기를 눈알에 꿰어 바닷바람에 같은 방식으로 얼고 녹기를 반복해 건조시킨 것이다. 흙의 조건은 가리지 않더라도 햇볕, 바람 같은 지리적·기후적 환경을 흠뻑 담아 성숙해지는 것으로 포도주나 황태나 과메기는 시련을 포함해 여러 조건이 용해된 산품이다.

리더의 성숙 과정 역시 다르지 않다. 바람(그것도 모질면 더 좋다)과 강한 햇빛을 맞아 자라는 것이 온실에서 자라는 것보다 좋다. 비도 눈도 맞고 얼었다 녹았다 하면 육질이 더 굳어지고 맛도 더 좋다. 포도가 척박한 사질 땅에서 까다로운 조건에 따라 자라긴 해도 기온, 습도, 바람, 햇볕 등 안온한 조건이 필수라면 황태와 과메기는 겨울철 매서운 훈련을 받고 자라는 것이 다르다. 젊어서 고생하거나 남자가 군대 가서 혹독한 훈련을 받는 것과 같다.

인물은 보통 점수, 노력, 성과 같은 요소로 가리고 이런 등급이 높으면 우수한 성취지향성 엘리트라고 해서 제도운영을 맡긴다. 이들은 정책을 펴고 문제를 해결한다고 큰소리친다. 누굴 위해 하느냐고 물으면 어려운 사람들을 위해 한다고 말한다. 그러나 이들이 대중을 위해 봉사한다는 것은 말일 뿐 오로지 자신들의 출세와 영달을 위해서 한다. 보통 사람들은 오를 수 없는 사다리를 만들어 놓고 수단과 방법을 가리지 않고 끝없이 오르고 또 오른다. 그러나 이런 제도나 정책이 실패할 수밖에 없는 것이 자신만을 돌본 이들이 이르는 곳은 비효율과 불평등뿐이기 때문이다. 조셉 콘라드가『암흑의 심연』에서 말한 대로 이들이야말로 배척당한 왕따 인생ostracized life 그 이상이 아니다. 손학규가 경쟁 대신 우정이라고 말하는 함의가 바로 이런 것이다. 지배의 리비도의 화신인 이들에게 기대할 수 있는 것은 착취 그 이상도 이하도 아니기 때문이다.

성공에만 골몰하는 메리토클라시로는 안 된다. 머리만 좋고 명예를 좇는 이들 언어가 어떻게든 공덕을 선양할 수 있는 도덕성 언어로 바뀌어야 하기에 에토스ethos부터 다른 인물이 등장해야 나라가 고루 펼쳐진다. 앞으로 대통령이 될 사람들은 불평등하기 짝이 없는 인간 사회의 높낮이 배열부터 달리 보면서 무엇이 성공이고 실패인지를 새롭게 가리도록 자신의 자의식self-consciousness부터 뜯어고쳐야 할 것이다.

세상은 전문성 그득한 이들 메리토클라시 엘리트들이 고치기엔 너무 복잡하고 얽히고설켜 있다. 문제가 복잡하고 크면 세 가지 입자 간의 관계를 푸는 방정식이 없다는 것을 이들은 알아야 한다. 전문성이 일견 필수이긴 하지만 전문성은 소통을 보장하지 못한다. 내 지식과 논리를 앞세우기 때문에 상대방을 이해하기 어렵고 또 양보도 하지 않아 극으로만 치닫는다. 성공하는 대통령으로 기록되려면 우선 크게 생각하고 멀리 보라. 그래야 민주화합의 칸타타 연주를 할 수 있다.

다섯째, 융합 사고를 해야 한다. 우리나라 대통령들은 거의 모두가 기능주의적 사고로 일관했다. 도구주의적 합리주의자 수준이다. 시대가 그랬기 때문이다. 아무리 복잡한 문제에 당면해도 뷰로크라시beaucracy의 제안 그대로 단순화시켜 사안을 보기 때문이다. 그렇게 한들 문제가 풀릴 리 만무한데도 풀린다고 믿고 시간을 보냈다. 그러나 이젠 단순계 과학의 시대가 끝나고 복잡계 과학의 시대가 도래해 직선과 단면이 아닌 곡선과 곡면을 보아야 하고 진화만이 아니라 공진화co-evolution도 보아야 하기에 융합적 사고를 하지 않으면 안 된다.

만일 대통령이 융합적 사고를 하지 못한다면 그는 시대의 흐름과 전혀 무관한 인물이 되고 만다. 리더의 깊이 있는 품격을 고양하기 위해 인문학적 소양, 예술적 소양 등을 주문하지만 이젠 그것만으로 족하지 않다. 지금은 '인문학→과학→생물학→뇌과학→우주과학→융합과학'으로 변하는 시대에 우리가 살고 있다는 것을 잊어서는 안 된다. 장대익은 인문학 대신 생문학生文學이라는 용어까지 쓴다. 리더들이 알아야 할 것은 인문학, 생물학 등의 차원을 넘어, 또 뇌과학의 차원을 넘어 우주과학으로 가야 지구와 세상 사람에 대한 인식을 바로 할 수 있다.

우선 우주는 훨씬 큰 전체의 일부다. 다양하다. 평행하다. 양자역학, 과학적 예견이 확률로밖에 주어지지 않는다는 사실을 천명함으로써 기존의 고전역학 체계를 송두리째 갈아엎었다. 다중체계이론, 즉 모든 가능한 결과들은 각자 분리된 우주에서 하나의 결과로 나타나며, 그 나름대로 모순 없이 진행된다. 하나의 우주에서는 입자가 '이곳'에 있고, 또 다른 우주에서는 입자가 '저곳'에 존재한다는 식이다. 그리고 각 우주에는 당신의 복사본이 살고 있어서 한 우주에 사는 당신은 '이곳'

에서 입자를 발견하고, 다른 우주에 사는 사람은 '저곳'에서 입자를 발견한다. 그리고 이들은 자신이 보고 듣는 것만이 유일한 실체라는 착각 속에서 살아간다. 단지 우리 눈앞에 보이는 하나의 실체를 제외한 모든 실체들이 은밀한 곳에 숨어 있을 뿐이다. 그런데 복사본은 하나만 있는 게 아니다. 무한히 큰 우주에는 똑같은 복사본들이 무한개 존재한다. 어떤 곳에서는 당신의 도플갱어가 당신과 똑같이 이 책의 바로 이 부분을 읽고 있으며, 다른 곳에 사는 도플갱어는 이 부분을 건너뛰거나 책을 잠시 덮고 간식거리를 찾고 있다.

다중우주가설이 끈이론과 결합하면, 먼 거리에 우리를 에워싸고 있는 어떤 표면이 있는데, 우리가 경험하는 모든 것은 그 표면 위에서 진행되는 과정이 홀로그램으로 투영된 것에 불과하다. 당신이 몸을 꼬집을 수 있고, 그때 느끼는 따끔함은 분명히 현실이다. 그러나 당신이 느끼는 현실은 멀리서 일어나고 있는 다른 현실이 반영된 결과이다. 가장 큰 스케일에서 보면 우주는 균일하다는 것이 우주의 원리라는 것을 대통령은 알아야 한다. 끈이론이 20세기 물리학의 난제였던 '일반상대성이론과 양자역학의 조화로운 합일'을 이루어 냈다는 것도 알아야 한다. 궁극적 다중우주를 이해하고 모든 가능한 다중우주의 부분집합이며 여기엔 무도 존재한다는 것을 받아들여

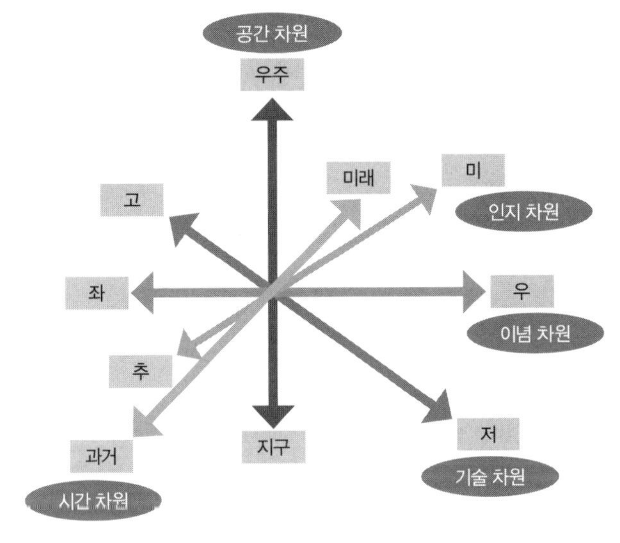

야 한다. 대통령들이 흔히 좇는 정책 입안과 집행에 대한 이해는 조그마한 진실에 불과할 뿐이다. 세상에 존재하는 실체는 수학에 대한 느낌뿐이다.[34]

대통령이 갖추어야 할 것은 다음 그림과 같다. 대통령의 융합적 사고를 가능하게 하는 여러 차원을 나열해 본 것이다. 스티븐 호킹은 우리는 지구에서 4차원의 세계에 산다고 말한다. 브라이언 그린은 무한 차원이 있다고 말한다. 나는 융합사고를 바탕 삼아 미래를 개척할 창조적 리더가 되기 위해서는 이념, 공간, 인지, 시간, 기술 등 제 차원에서 융합적 사고를 해야 정책이 실재에 가능한 다가가 문제를 조금이라도 더 볼 수 있다.

여섯째, 시산을 잘 관리해야 한다. 시간은 지도자를 기다리지 않는다고 한다. 역사를 보면 해외 팽창을 막지 못한 채 전염병으로 죽은 페리클레스, 제2차 세계대전 막바지에 지칠 대로 지쳐 동유럽을 정복하려고 한 소련의 거짓과 음모를 간파하지 못한 처칠, 자신의 정책이 결실을 맺기 전에 비극적 죽음을 맞은 루스벨트, 유리 안드로포프의 때 이른 죽음으로 권력이 공백이 된 때 미하일 고르바초프의 등장이 소련제국이 붕괴되는 계기가 된 것 등은 시간이 개인과 국가의 운명을 좌우한 표본이다.

그래서 시간관리time budgeting는 중요하다. 시산時産, time assessment은 잘 쓰지 않는 표현인데, 제러미 리프킨이 쓴 말이다. 지본사회 때는 땅이, 자본사회 때는 돈이, 뇌본사회 때는 시간이 자산이라는 뜻이다. 시간이 곧 돈이고 돈보다 더 중요하다는 이야기인데, 미국 대선 때 참모들끼리 나누는 이야기가 있다. "지금 만나서 설명해 두어라" "그렇지 않으면 때를 만나기 어렵다" 같은 말들이다. 대통령 후보에게 정책을 설명해 두어야지, 당선 후에는 시간에 쫓겨 만나기가 매우 힘들어 설명할 기회가 거의 없기 때문이라는 것이다. 대통령에게나 기업의 CEO에게 시간은 금쪽같다는 것을 누구나 다 안다. 청와대에서도 수석 비서관이 대통령에게 설명할 시간 5분을 쉽게 얻지 못한다. 시산을 잘 관리하려면 시간관리도 잘해야 한다. 리더들 중에는 시간을 자기 것으로 착각하는 사람이 많다. 그러면 안 된다. 시간도 매일매일을 보내는 시간 말고 임기 5년 동안 무엇을 어떻게 할 것인가에 대한 마스터 플랜이 있어야 성공한다.

일곱째, 정부운영에서 정책에 너무 얽매이면 안 된다. 정책이 모두를 해결하지 못하기 때문이다. 지금의 정책들은 거의 모두가 고유가치는 생각하지 않고 교환가치로 환원되는 잘못된 시스템 속에서 탄생한다. 산업, 금융, 복지, 교육, 안보, 국방 등 어느 하나도 권력이 되지 않은 것이 없다. 이들은 문을 닫고 자신들의 이해에만 급급해 결국 집단 어리석음만 확대 재생산되는 꼴이 된다.

그러나 정책이 엄연히 존재하는 것이 한계다. 남북관계 등 안보국방 정책이 없어도 된다는 뜻은 아니다. 교육도 마찬가지다. 그러나 여러 수많은 정책에 얽매어 있으면 일을 하는 것 같으면서도 되는 것이 하나도 없다.

미국 정책가들은 대통령으로 성공하려면 한두 정책에만 몰두하는 것이 현명하다는 말들을 한다. 이것저것 건드리지 않는 정책 없이 시간을 보내다 보면 임기는 끝난다. 역대 대통령 치고 교육 문제를 해결하겠다고 나선 사람이 없지 않았으나 해결한 사람은 하나도 없다. 경제민주주의도 마찬가지이고 동반성장도 같고 무상급식 역시 같은 이야기다. 무상급식 문제는 교육이라는 전체 틀 속에서 다루어야지, 맥락은 접어 두고 지엽적인 것만 부풀리면 역시 시간을 허송하기는 마찬가지다. 그도 그럴 수밖에 없는 것이 각 분야에서도 그렇지만 특히 정치 분야에서는 주역들이 열심히 일은 하지만 대개가 자신들을 위한 것이기 때문이다.

경제인이 수익을 얻고자 노력하고 종교인이 영혼을 구하려고 애를 쓰듯 정치인은 말은 달리하지만 자신의 이해관계에 집중한다. 결국 모두 자신의 일을 하는 것일 뿐이다. 다시 말해 슈미트-살로몬의 말대로 그들은 각각의 하위 시스템이 자신에게 요구하는 일을 행하고 있을 뿐이다.

"안타까운 현실은 그들이 효율적이고 양심적으로 자신의 일을 수행할수록 그 결과가 더 끔찍해진다는 것이다. 시스템에 합리적으로 반응하는 사람이 비합리적이 되고 잘못된 것을 완벽하게 만들려는 사람이 완벽하게 잘못된 사람이 되는 것, 이것이 어리석은 시스템이 지닌 가장 어리석은 속성이다."[35]

결국 잘하려고 하면 할수록 무위로 돌아가니 아무리 훌륭한 정책을 편들 문제가 풀릴 리 만무하다.

대통령으로 성공하려면 앞서 지적한 대로 법과 제도가 현상과 실재를 왜곡할 가능성을 자신에게 경고하기다. 미셸 푸코나 이반 일리치가 한 말을 귀담아들어야 한다. 교도소는 수인이 있어서가 아니라 교도소라는 제도 때문이고, 환자는 병원이라는 제도 때문에 생긴다는 이야기를 들으면 책을 읽지 않은 대통령은 의아해할 것이다. 원래 교회나 학교는 제도가 생기기 이전에 사회에서 모두 다 나누어 서로 돕고 가르치는 역할들을 했다. 두 제도가 생긴 후 제도는 사람을 보호하기보다 나에게 맞는 사람만 선택적으로 보호하면서 제도가 문제를 해결하기는커녕 문제를 더 악화시켰다. 정신과 의사이면서 리더십 수업을 하는 케네디스쿨의 로널드 히이페츠 교수의 지론이 환자가 먼저지 의사가 먼저가 아니라는 것을 새겨 두어야 한다. 리더십은 어디까지나 봉사라는 것이다. 의술이 지나치게 상업화되어 본질이 망가지는 것을 방치한다면 다른 분야가 안고 있는 문제 역시 마찬가지일 것이기에 현재 한국 사회가 안고 있는 문제의 본질을 대통령이 사지향의 안목으로 보고 근본을 고칠 수 있어야 성공한다.[36]

여덟째, 정부의 크기를 문제 삼지 마라. 지금까지 대선에서 이겨 정부가 새로 출범하면 약 2개월의 기간 동안 정부를 손질한다. 늘어날 대로 늘어난 정부의 규모를 줄여 작은 정부를 표방한다. 일견 당연한 것 같지만 작은 정부를 표방한 레이건도 나중에 위원회의 수가 많이 늘어난 것을 어쩌지 못했다. 더 큰 문제는 정부를 줄인다고 생각하고 유사기능들을 한쪽으로 몰아 묶는데 거대 부처가 탄생할 뿐 전체가 조금도 줄지 않는다는 데 있다. 더욱이 기능이 한곳으로 몰리면 뷰로크로시의 특성상 권한이 막강해진다. 그걸 모르고, 아니면 외면하고 부처 수 줄이기에 급급했는데 그건 크게 잘못된 것이다.

내가 3대 정부에 걸쳐 그 일에 관여해 온 결과 크게 잘못된 점을 시인하지 않을 수 없다. 그것은 민주정부의 특성대로 견제와 균형의 묘를 살리지 않았다는 이야기다. 다시 말해 정부의 기능 중에는 유사하고 중복되는 것이 몇 기관에 분산되어야 한다. 그래야 서로 견제하며 기능을 효율화시키려고 노력한다. 나는 정부부처가 느는 것을 제일 싫어했는데 이 논리라면 공직조사처 같은 기구가 있어 검찰과 감사원 등과 서로 견제하며 효율을 극대화해야 마땅하다. 대통령이 주목해야 할 것은 정부 기능이 대단히 비효율적이기 때문에 이를 어떻게 바꾸어 국민을 위한 정부를 만드느냐이다. 정부는 아직도 관료들을 위해 존재할 뿐 국민을 위해 존재하지 않는다.

끝으로 통상 인수위원회 같은 것을 만들어서 단시일 안에

5년 운영에 필요한 개혁을 하겠다고 계획하는데 이번에는 그러지 말았으면 한다. 방법은 각 부처가 주동이 되어 자신들이 줄이면 줄이는 대로, 늘리면 늘리는 대로 개혁안을 제출하도록 하고 이를 토대로 판단하는 방식을 도입하는 것을 권장하고 싶다.

아홉째, 나를 의심해야 한다. 대통령은 항상 자신이 얼마나 일을 잘 수행할 수 있는지 스스로를 늘 의심해야 한다. 피터 버거는 근본주의도 상대주의도 다 결함이 많으니 스스로 자신의 믿음을 의심해 본다면 그래도 합리적 결정이 이루어질 여지가 커진다. 또한 슈미트–살로몬이 말하는 '오류에 대한 고집'을 꺾고 집단지성을 찾아 나서야 한다.[37] 신념과 확신에 찬 결정과 행동이 국민에게 믿음을 주는 것이 사실이지만, 이 세상에 만병통치약이 없듯이 정책으로 나라의 문제를 풀기가 쉽지 않다. 따라서 대통령은 이 정책으로 이 문제를 70% 정도는 풀 수 있고 다음 정책으로 조금 더 풀겠다고 솔직히 미진한 정책을 시인해야 국민의 기대에 더 다가갈 수 있다.

국가나 국민은 이상적인 대통령을 연상하고 기대한다. 마치 권선징악에 앞장서거나 러브 스토리의 주인공 같은 인물을 연상하기도 한다. 모든 악을 물리치고 내게 편안한 삶과 미래를 약속해 주는 백마 타고 등장하는 대통령을 연상한다. 미국 이야기를 인용하면,[38] 케네디의 매력과 역사적 감수성, 존슨의 소외계층을 돕고자 한 강력한 의지, 닉슨의 영리하고 능숙한 외교적 수완, 카터의 침례교도다운 선의가 담긴 처신, 레이건의 미국의 미래에 대한 낙관론과 가식적이지 않은 모습, 아버지 부시의 훌륭한 성격과 타고난 봉사정신, 클린턴의 국민과의 적극적 교감, 아들 부시의 탄탄한 종교적 신념과 단호한 의지, 오바마의 다문화를 배경 삼은 폭넓은 이해 등이 이상적인 대통령의 요소라는 것을 알아야 한다. 그러나 이들에게도 결점이 많고 실수한 정책도 한두 가지가 아니다. 한마디로 이상적인 대통령상은 이들 모두를 합쳐도 완성되지 않을 수 있다.

한편 우리나라 대통령 중 이승만은 독립국가와 민주주의 창달을 위해 애쓴 지도자, 박정희는 산업국가를 추구하며 나라를 한 단계 도약하게 한 산파, 김대중은 평등주의자로 국민과 교감하려고 애쓴 지도자, 노무현은 지배계급의 모순을 타파하기 위해 실천에 앞장선 지도자로 기억에 남는다.

이제 등장한 대통령 후보 중에는 어떤 인물의 어떤 점을 기대할 수 있을까? 박근혜의 원칙론에 대한 집념과 대통합의 의지, 안철수의 변혁을 추구하는 조용한 기상, 문재인의 시대변화에 대한 헌신과 약속 등이 먼저 떠오른다.

책 제목대로 여성 대통령Ms. President이 등장한다면 정부는 어떻게 꾸며질까? 남성 대통령보다 무엇이 다를까? 여성이 각료로 많이 입각할까? 각 기관의 장에 여성이 늘어날까? 그러나 이런 변화의 양상은 극히 부분적인 일에 불과할 것이다. 반면 과연 본질적인 변화는 무엇일까를 천착해 내야 한다.

성차별의 차원을 넘어, 계급적·계층적·지역적 간극을 넘어, 구시대의 패러다임을 넘어 한국 정치와 정부의 국내적 좌표와 세계적 위상이 한 단계 도약하는 계기가 올 것을 성공하는 여성 대통령에게 기대하고 싶다. 여성 대통령으로뿐만 아니라 그 여성 대통령의 자질과 시대상이 잘 어우러져 나라의 앞날이 크게 열리기를 바란다.

‘아웅 산 수 치의 나라’ 미얀마 여행 중 국내에서는 문재인이 민주통합당 대통령 후보가 되고, 안철수가 대선에 뛰어들겠다고 선언한다. 선거라는 제도가 있기에 엘리트들이 등장하고 이들 간에 우열이 가려져 자리매김이 된다. 선거 정국의 각축 속에 질서는 무너지는 듯하다가도 곧 자리를 잡을 것이다. 오는 5년 동안 누가 대통령이 되느냐에 따라 질서 회복이 빠를 수도 있고 더딜 수도 있고, 또 정치가 개혁되고 국정이 순항할 것인가가 가려진다.

여기서 유권자가 주목해야 할 것은 대통령 자신의 자질과 능력만이 아니라 그를 둘러싸고 있는 정치역학이 어떠냐이다. 선거에서 공동전선을 펴 비록 선거에서 승리한다 한들 짐 덩이가 집권기간 내내 대통령의 어깨를 짓누르고 때로는 집권세력의 전열이 갈기갈기 찢기기에 더 큰 짐이 누구에게 부메랑처럼 돌아올 것인가를 냉정한 눈으로 바라보아야 한다는 것이다.

한 나라의 지도자가 누가 되느냐, 그의 정치적 이념 성향이 어떤가에 따라 나라의 명운은 판연히 갈린다. 자본주의를 지향한 나라는 비록 국부를 늘리고 국민의 삶이 화려해 보여도 분배의 불균형이 드리운 그림자를 거둘 길이 없다. 사회주의로 간 국가들은 인민의 기본 삶조차 보장하지 못한 채 신음하게 만든다.

50년 군부독재와 사회주의에 시달려 교육이고 의료고 반세기 전 수준에 머물러 있는 미얀마는 6·25전쟁 중 파병한 몇 안 되는 아시아 국가 중 하나였고, 당시 필리핀과 더불어 아시아에서 일본 다음으로 부강한 나라였다. 옛 수도 양곤Yangon(구 랑궁)의 모습과 질서는 동남아 여느 국가들의 큰 도시와 별반 차이가 없어 보였으나, 신 수도 네피도Nay Pyi Taw로 가는 길은 멀기만 했고 마치 휴양지 같은 안온한 지형에 드문드문 흩어져 숲 속에 숨어 있는 정부청사들은 과연 국민과 얼마나 소통하고 호흡하려고 하는지 의구심부터 앞섰다.

그러나 미얀마는 다시 고개를 들기 시작했다. 독립의 영웅, 아버지 아웅 산 장군과 대사 경력이 있고 활발한 정치활동을 펼쳤던 어머니 돈킨티의 유전자를 받은 민주투사 아웅 산 수

치가 있기 때문이다. 이번 내 여행 중 수 치는 미국 최고의 영예인 의회 금메달을 수상하러 출타 중이었다. 노벨 평화상을 받고 금세기 민주투쟁의 상징이 된 수 치는 1988년부터 지금까지 24년간, 또 그중에서 14년간 가택연금으로 오래고 오랜 역경 속에서 '테루아 리더'로 성장해 세계의 각광을 받는 세계적 인물이기에 구국의 메시아로 미얀마의 미래를 밝힐 것이 분명하다.

같은 군인의 딸 박근혜는 민주투사가 되어야 할 정도로 박해를 받지는 않았지만 18년간 고뇌의 삶을 살다 정치 일선에 등장한다. 개발독재에 희생된 슬픈 영혼들의 용서를 받기에 아직 멀고 지워지지 않는 원죄에 고뇌할 수밖에 없다.

시대는 개인과 사회에 심한 시련을 주기도 하고 희망을 선사하기도 한다. 과거 시대 상황 논리에 밀리기도 하고 만회도 한다. 역사적 과오가 한낱 잘못으로만 치부되기보다 역사의 교훈으로 훨씬 더 값진 가치와 지혜를 선사하기도 한다. 신의 옷자락에 묻은 권력은 바람이 어떤 방향으로 부느냐에 따라 영화가 되기도 하고 희생이 되기도 한다. 그러나 이들 모두는 결국 하나, 차이와 다름과 바름과 틀림의 구별 없이 인간들이 안고 가는 역사의 짐과 영욕에 불과할 뿐이다. 성공과 실패는 하나, 당선과 낙선도 하나, 민주고 투쟁이고 보수고 진보고 모두가 권력투쟁일 뿐 내 중심 속에서 치달을 뿐이다. 한순간 손가락 사이로 스쳐 빠져나갈 권력 때문에 사활을 걸고 투쟁하며 대부분 나는 거룩하고 훌륭하고 건전하고 구국의 일념으로 영혼을 바친다고 강변한다. 이제 거짓은 저만치 물리고 편하고 아름다운 세상에서 살고 싶다.

이 책은 21세기 여성의 시대를 맞아 여성 리더십을 다뤘다. 리더십이 주제이긴 하지만 지금까지 여성들이 불평등한 대접을 받고 저평가되고 폄하되고 있는 과거와 현재는 지워져야 한다는 일념, 그리고 여성의 리더십으로 ‘정직한 리더십은 봉사이고, 권력으로 세상을 아름답게 꾸며야 한다’는 명제를 다시금 강조하며 그런 내일을 보고 싶어 논지를 편 것이다.

50년 전 춘궁기를 벗고 공업국가로 발전하는 기초를 닦은 변환이 반세기가 지나 그동안 쌓였던 앙금을 걷어내고 아름다운 국가로 바뀔 것을 기대한다. 판은 갈려야 하기에 이 일을 남성이 아닌 여성의 원초적 정직과 신념에 맡기면 내일의 희망을 여는 지름길이 될 수 있을 것이라고 믿고 싶다.

1 Francis Biddle, 『In Brief Authority』, Doubleday, 1962.

2 말콜 글래드웰, 노정태 옮김, 『아웃라이어』, 김영사, 2009.

3 조지프 나이, 김원석 옮김, 『리더십 에센셜』, 교보문고, 2008.

3 지셴린, 허유영 옮김, 『다 지나간다』, 추수밭, 2007.

5 김상문, 『저우언라이』, 아름다운사람들, 2009.

6 하워드 가드너, 송기동 옮김, 『통합과 포용』, 북스넷, 2007.

7 김상엽·김지원 엮음, 『세계사를 움직인 100인』, 청아출판사, 2010.

8 김상엽·김지원 엮음, 위의 책. 아웅산 수 치에 관해 인용한 이외의 책들은 김민정 외, 『세계가 주목하는 여성 정치인의 리더십』, 인간사랑, 2007; 아웅산 수 치, 김종빈 옮김, 『공포로부터의 자유』, 한국논단, 1996; 양길현, 『버마 그리고 미얀마: 네윈과 아웅산 수지』, 오름, 2009; 미카미 요시카즈, 정성호 옮김, 『포로가 된 공작새 아웅산 수지』, 장락, 1992; 아웅산 수 치·앨런 클레멘츠, 구미정 옮김, 『아웅산 수지, 희망을 말하다』, 북코리아, 2011 등이다.

9 호세프에 관한 내용은 주간동아, 조선포럼, 이투데이, 헤럴드뉴스, 네이버 등 인터넷에서 인용했다.

10 메리 로빈슨에 관해 인용한 책들은 김민정 외, 위의 책; 엄태석, 『메리 로빈슨: 19세기적 아일랜드에서 21세기를 연 여성 지도자』, 2006년도 하계학술

회의; 이경채, 『위기에 강한 여걸』, 현문미디어, 2008 등이고 미첼 바첼렛에
관해 인용한 책들은 김민정 외, 위의 책; 유홍희, 『딸에게 들려주는 리더십
이야기: 국회의원 유승희와 함께하는 세계 여성 지도자 탐방기』, 해피스토
리; 이경채, 앞의 책 등이다.

11 대처에 관해 인용한 책들은 박지향, 『대처 스타일』, 김영사, 2012; 고승제,
『마거릿 대처(개정판)』, 아침나라, 2003; 박지향, 『중간은 없다: 마거릿 대처
의 생애와 정치』, 기파랑, 2007; 이경채, 『위기에 강한 여걸』, 현문미디어,
2008; 채희봉, 『대처 vs 클린턴 리더십』, 미래M&B, 2007 등이다.

12 메르켈에 관해 인용한 책들은 게르트 랑구트, 이수연 외 옮김, 『앙겔라 메르
켈』, 이레, 2005; 김민정 외, 앞의 책; 이경채, 앞의 책 등이다.

13 박근혜에 관해 인용한 책들은 김영화, 『꽃으로 검을 베다: 박근혜 리더십』,
높은오름, 2012; 박근혜, 『절망은 나를 단련시키고 희망은 나를 움직인다:
박근혜 자서전』, 위즈덤하우스, 2007; 손석춘, 『박근혜의 거울: 왜곡된 반
사 또는 부풀려진 신화』, 시대의창, 2011; 주치호, 『박근혜 신드롬』, 작은키
나무, 2005; 진희정, 『박근혜 스타일 자신·공감·실천』, 아라크네, 2011; 천
영식, 『나는 독신을 꿈꾸지 않았다』, 북포스, 2005; 김양희 『여성, 리더 그
리고 여성 리더십』, 삼성경제연구소 2006; 강준만, 『나의 정치학 사전, 그리
고 강준만 생각』, 인물과사상, 2005; 김선동, 『노조 없는 기업경영』, 신어림,
2000 등이다.

14 잭 발렌티저, 이구용 옮김, 『말 잘하면 대통령도 될 수 있다』, 문진출판사,
2006.

15 최병구, 『레이건 리더십: 믿음으로 세상을 바꾼다』, 김&정, 2007.

16 장대익, "생문학: 지속가능한 인문학을 위하여", 김광웅 엮음, 『융합학문,
어디로 가고 있나?』, 서울대학교 출판문화원, 2011.

17 제임스 맥그리거 번스, 조중빈 옮김, 『역사를 바꾸는 리더십』, 지식의날개,
2006.

18 빌 클린턴, 정영목·이순희 옮김, 『마이 라이프』, 물푸레, 2004.

19 Bill Gates, 『The Road Ahead』, Viking, 1995.

20 Peter M. Senge, 『The Necessary Revolution』, Broadway books, 2008.

21 Bonnie Angelo, 『First Mothers』, HarperCollins, 2000.

22 제롬 뱅데 엮음, 이선희·주재형 옮김, 『가치는 어디로 가는가?』, 문학과지성사, 2004. 1부 5장의 '가치들의 여성화를 향하여?'(줄리아 크리스테바) 참조.

23 제롬 뱅데, 앞의 책. 1부 5장의 '인지적 문명의 시작들'(티에리 고댕) 참조.

24 김광웅, 『서울대 리더십 강의』, 21세기북스, 2001.

25 바바라 켈러먼·데보라 로드, 이미숙 옮김, 『여자로 태어나 위대한 리더로 사는 법』, 한스미디어, 2011.

26 로이스 P. 프랑켈, 정준희 옮김, 『최고의 여자에게 배워라: 힐러리 클린턴에서 칼리 피오리나까지』, 해냄, 2008.

27 데이비드 슈워츠, 서민수 옮김, 『크게 생각할수록 크게 이룬다』, 나라, 2009.

28 Saly Helgesen, 『The Female Advantage: Women's Ways of Leadership』, Doubleday, 1995.

29 이경숙·강형철·조병남, 『세상을 바꾸는 부드러운 힘: 21세기 여성 리더십』, 숙명여자대학교 출판부, 2004.

30 월러 R. 뉴웰, 박수철 옮김, 『대통령의 조건』, 21세기북스, 2012.

31 희망제작소, 『인수위 67일이 정권 5년보다 크다』, 중앙북스, 2008.

32 해리티지재단, 장성민 옮김, 『성공하는 대통령의 조건』, 김영사, 2002.

33 이덕일, 『내 인생의 논어 그 사람 공자』, 옥당, 2012.

34 브라이언 그린, 박병철 옮김, 『멀티 유니버스』, 김영사, 2012.

35 미하엘 슈미트–살로몬, 김현정 옮김, 『어리석은 자에게 권력을 주지 마라』, 고즈윈, 2012.

36 김상환, 『철학과 인문적 상상력』, 문학과지성사, 2012.

37 미하엘 슈미트–살로몬, 위의 책.

38 월러 R. 뉴웰, 위의 책.

KI신서 4280

미즈 프레지던트

1판 1쇄 인쇄 2012년 9월 28일
1판 2쇄 발행 2012년 11월 19일

지은이 김광웅
펴낸이 김영곤 **펴낸곳** (주)북이십일 21세기북스
부사장 임병주
출판사업부문 총괄본부장 주명석
MC기획1실장 김성수 **BC기획팀** 심지혜 장보라 양으녕 조유진
편집1팀장 박상문 **책임편집** 윤지영 **디자인 표지** 씨디자인 **본문** 네오북
마케팅영업본부장 최창규 **마케팅** 김현섭 최혜령 김다영 강서영 이은혜 **영업** 이경희 정병철
출판등록 2000년 5월 6일 제10-1965호
주소 (우 413-120) 경기도 파주시 문발동 회동길 201
대표전화 031-955-2100 **팩스** 031-955-2151 **이메일** book21@book21.co.kr
홈페이지 www.book21.com **트위터** @21cbook **블로그** b.book21.com

© 김광웅, 2012

ISBN 978-89-509-4037-9 03340
책값은 뒤표지에 있습니다.

이 책 내용의 일부 또는 전부를 재사용하려면 반드시 (주)북이십일의 동의를 얻어야 합니다.
잘못 만들어진 책은 구입하신 서점에서 교환해 드립니다.